REINHARD ABELN
ADALBERT LUDWIG BALLING

Für jeden Tag ein

Häppchen
Heiterkeit

REINHARD ABELN
ADALBERT LUDWIG BALLING

Für jeden Tag ein

Häppchen

Heiterkeit

Ein Schmunzelbuch
für Jung und Alt

kbw bibelwerk

Inhalt

Ein Wort zuvor

Alles in der Welt ist Torheit,
nur nicht die Heiterkeit.

Friedrich der Große

Ein Witz-Buch im üblichen Sinne ist dies nicht, wenngleich Witziges und Humorvolles zum Thema gehören. Es ging uns nicht um lautes Lachen oder gar plärrende Gelächter. Ganz im Gegenteil! Im Zentrum unserer diesbezüglichen Bemühungen steht die heilende Heiterkeit; das leise Lächeln der Seele; das gütige Schmunzeln, das nicht im Lärm des Alltags reift, sondern im Bemühen, Gutes zu tun und den Frieden und die Harmonie unter den Menschen und Völkern zu fördern.

Satire und Spott, Hohn und Häme wären hier völlig falsch am Platz. Die Heiterkeit, die wir meinen, will niemanden veräppeln, niemanden verletzen, niemanden bloßstellen. Fairness ist angesagt – und der Wunsch, den Leserinnen und Lesern Freude zu bereiten.

Wir bringen in diesem Buch ein weites Potpourri über die Heiterkeit: eine Reihe von Sachartikeln und Gedanken rund um den Humor; meditative Texte über die Freude mit zahlreichen Anregungen zum Weiterdenken; humorvolle Kurzbeiträge zum Lachen und Lächeln; lustige Episoden und freudige Erlebnisse (aus den Missionen und hinter Klostermauern); amüsante Anekdoten (auch von Prominenten) sowie Gebete um den rechten Humor.

Ferner haben wir einige Märchen und Legenden sowie zahlreiche Tierfabeln, Sprichwörter und Sinnsprüche ausgewählt und – natürlich auch ein paar Essays, die die Freude am Schmunzeln und an humorvollen Redewendungen (wir nennen es »die Heiterkeit der Seele«) zu deuten und zu erklären versuchen. All das – um uns nahezulegen, diese Art des Humors und der Heiterkeit besonders zu pflegen.

Lachen hält jung! Genau das möchten wir unseren Leserinnen und Lesern zurufen. Die Lektüre dieses Buches möchte dazu ermuntern.

Adalbert Ludwig Balling · Reinhard Abeln

Heiterkeit

Heiter machen heilt!
Von Natur aus ist Arzt,
wer andere erheitern kann.

Demokrit

Heiterer Sinn
stärkt das Herz
und macht uns beharrlich
im Guten.

Philipp Neri

Ist einer heiter,
so ist es einerlei,
ob er jung oder alt,
gerade oder buckelig,
arm oder reich sei,
er ist glücklich.

Arthur Schopenhauer

Sei froh und heiter!

Gedanken – Meditationen – Anregungen

In Aachen wird in jedem Jahr ein Orden des Humors verliehen. Man gab ihm den Namen: »Orden wider den tierischen Ernst«. Viele bekannte Persönlichkeiten, unter ihnen auch Priester und Ordensleute, sind mit diesem Orden ausgezeichnet worden. Sie alle waren heitere und frohe Menschen mit Sinn für Humor. Gehören wir auch zu den Menschen, die – wenn auch ohne Orden – einen guten Sinn für Humor im Herzen tragen? Was hat es eigentlich auf sich mit dieser Gabe des Humors, die das Leben erst wirklich lebenswert macht? Die nachfolgenden Gedanken wollen dazu einige Denk-Anstöße anbieten.

Rat für jeden Tag

Man nehme zwölf Monate, putze sie ganz sauber von Bitterkeit, Geiz, Pedanterie und Angst und zerlege jeden Monat in 30 oder 31 Teile, sodass der Vorrat für ein ganzes Jahr reicht. Es wird jeder Tag einzeln angerichtet aus einem Teil Arbeit und zwei Teilen *Frohsinn* und *Humor*.

Man füge drei gehäufte Esslöffel Optimismus hinzu, einen Teelöffel Toleranz, ein Körnchen Ironie und eine Prise Takt. Dann wird die Masse sehr reichlich mit Liebe übergossen.

Das fertige Gericht schmücke man mit Sträußchen kleiner Aufmerksamkeiten und serviere es täglich mit *Heiterkeit* und einer guten, erquickenden Tasse Tee.

Catharina Elisabeth Goethe

Humor – eines der besten Gewürze

Ohne Humor ist das Leben nicht zum Aushalten. Humor ist eines der besten Gewürze in unserem Leben. Er entkrampft manches *in* uns und *an* uns. Humor befreit von allzu übertriebenen Sorgen, die einem an manchen Tagen fast die Luft abschnüren. Mit Humor ist vieles auf einmal gar nicht mehr so entsetzlich wichtig.

Das Wort Humor kommt aus der lateinischen Sprache. »Humor« heißt Feuchtigkeit, Saft, Flüssigkeit. Die Medizin des Altertums meinte, dass im Menschen verschiedene Säfte (*humores*) am Werk seien. Von der Mischung dieser Säfte hänge es ab, ob der Mensch schwerblütig, heißblütig, kaltblütig oder leichtblütig sei.

Wenn der schwarze Saft im Menschen überwiege – so wurde geglaubt –, dann sei dieser ein Melancholiker. Hätten die Säfte jedoch das richtige Mischungsverhältnis, so erwachse daraus das humorvolle Temperament. Etwa seit dem 18. Jahrhundert bezeichnet man als Humor die heiter-gelassene Gemütsverfassung eines Menschen inmitten aller Widerwärtigkeiten und Unzulänglichkeiten des Daseins.

Im Volksmund heißt es: »Humor ist nicht alles, doch ohne Humor ist alles nichts.« Natürlich kann man ohne Humor im Herzen leben, aber man fragt sich mit Recht: Ist denn das ein Leben? »Humor ist der Schwimmgürtel des Lebens«, ist beim deutschen Dichter Wilhelm Raabe (1831–1910) zu lesen. Das gilt für jede Altersstufe im menschlichen Leben, für die Jungen ebenso wie für die Älteren.

Humor ist das Öl in unserem Leben. Wer wollte diese Lebensweisheit bezweifeln? Wir befinden uns dabei in guter Gesellschaft mit der Weisheit des Alten Testamentes. Im Buch der Sprichwörter ist zum Beispiel Folgendes zu lesen:

»Ein fröhliches Herz tut der Gesundheit gut, ein bedrücktes Gemüt lässt die Glieder verdorren« (Spr 7,22). Oder: »Kummer im Herzen bedrückt den Menschen, ein gutes Wort aber heitert ihn auf« (Spr 12,25). Oder: »Ein fröhliches Herz macht das Gesicht heiter, Kummer im Herzen bedrückt das Gemüt« (Spr 15,13).

Im Buch Jesus Sirach sind folgende nachdenkenswerte Sätze zu lesen: »Gib deine Seele nicht der Trauer hin! Quäle dich nicht mit deinem Wünschen! Heiterkeit des Herzens ist Leben für den Menschen und Jubel eines Mannes ist langes Leben. Beschwichtige deine Seele und tröste dein Herz! Halte Trauer weit von dir fern! Denn viele hat die Trauer zugrunde gerichtet und es ist kein Nutzen in ihr. Eifersucht und Wut verkürzen die Tage, Sorge macht vorzeitig alt« (Sir 30,21-24).

Vielleicht hat solche alttestamentliche Weisheit auch jenen Mönch vom Berg Athos inspiriert, wenn er zu der Einsicht kommt: »Freude und Humor sind der Äther, der alles verbindet, Freude und Humor halten die Schöpfung zusammen!«

Echter Humor – kein künstlicher, kein aufgesetzter Humor – macht unser Herz weit und froh, friedlich und gut. Können wir uns Besseres wünschen? Das ist doch weit wichtiger, als ob meine Nase zu kurz oder zu lang, zu platt oder zu spitz geraten ist; ob mein Gesicht Sommersprossen zieren oder ob sich die ersten Fältchen zeigen.

Und hat nicht auch der Verfasser des Kanons recht, wenn er meint: »Der hat sein Leben am besten verbracht, der die meisten Menschen hat froh gemacht«? Freude darf nie einsam bleiben. Man muss sie teilen, weitergeben. Freude muss weiterwirken in unseren Mitmenschen, muss ansteckend sein. Der Freude muss man Tür und Tor öffnen, denn sie ist »eine Bombe von ungeheurer Sprengkraft« (Heinrich Böll).

In der Regel von Taizé steht – dazu passend – ein nachdenkenswertes Wort: »Freude besteht darin, ohne großes Aufheben, aber voller Aufmerksamkeiten an der Seite seiner Brüder zu stehen.«

Ein spanisches Sprichwort heißt: »Ein frohes Gemüt kann Schnee in Feuer verwandeln.« Innerhalb von 24 Stunden hätte die Welt ein anderes Gesicht, wenn jeder von seiner Freude an andere weitergäbe!

Reinhard Abeln

Niemand taugt ohne Humor

Fröhlichkeit ist eine Tugend,
wie Freude eine Tugend ist
– und auch Humor.
Sie sind erlernbar.
Man kann sich um sie mühen.
Wenige Menschen
werden als »Frohnaturen« geboren;
die meisten müssen die Freude
erst lernen – wie man leben lernt
oder denken oder an sich arbeiten
oder glücklich sein
oder beten …

Humor ist für das menschliche Leben
wie Öl im Getriebe.
Humor und Gelassenheit sind
christliche Tugenden.
Kein Christ taugt ohne Humor;
keiner taugt ohne Gelassenheit;
keiner taugt ohne Freude.

Adalbert Ludwig Balling

Abwechslung gehört zum Leben

Ohne Humor ist das Leben nicht zum Aushalten. Neben Niedergeschlagenheit und Traurigkeit, die den Menschen gelegentlich überfallen, muss es auch immer wieder Freude und Heiterkeit geben. Es wäre grauenhaft, wenn es keinen *Wechsel* im Leben des Menschen gäbe. »Alles hat seine Zeit«, sagt mit Recht der Volksmund.

Es ist etwas Tröstliches, dass im Leben nicht alles gleich bleibt. Man stelle sich vor, die Sonne ginge acht Wochen nicht unter oder es wäre zehn Wochen immer Nacht. Was für eine Qual für uns Mitteleuropäer! Oder – da kocht eine Hausfrau eine ganze Woche lang immer dasselbe, jeden Mittag, jeden Abend. Das wäre furchtbar! Ohne Abwechslung gibt es keine *Spannung* und ohne Spannung kein *Leben*. Die Abwechslung ist geradezu existenzerhaltend. Gott hat das sehr weise eingerichtet. Das Alte Testament, das Buch Kohelet (3,1-8), spricht schon davon:

»Alles hat seine Stunde. Für jedes Geschehen unter dem Himmel gibt es eine bestimmte Zeit:
eine Zeit zum Gebären und eine Zeit zum Sterben,
eine Zeit zum Pflanzen und eine Zeit zum Ausreißen der Pflanzen,

eine Zeit zum Töten und eine Zeit zum Heilen,
eine Zeit zum Niederreißen und eine Zeit zum Bauen,
eine Zeit zum Weinen und eine Zeit zum Lachen,
eine Zeit für die Klage und eine Zeit für den Tanz,
eine Zeit zum Steinewerfen und eine Zeit zum Steine-
sammeln,
eine Zeit zum Umarmen und eine Zeit, die Umarmung
zu lösen,
eine Zeit zum Suchen und eine Zeit zum Verlieren,
eine Zeit zum Behalten und eine Zeit zum Wegwerfen,
eine Zeit zum Zerreißen und eine Zeit zum Zusam-
mennähen,
eine Zeit zum Schweigen und eine Zeit zum Reden,
eine Zeit zum Lieben und eine Zeit zum Hassen,
eine Zeit für den Krieg und eine Zeit für den Frieden.«

Wer wollte nach solchen Aussagen in der Schrift denen böse sein, die findig und erfinderisch um den not-
wendigen Wechsel in dem oft so trägen Fluss des Lebens besorgt sind? Wer wollte bezweifeln, wie wichtig
neben Trübsal und Not, Angst und Niedergeschlagenheit das ist, was wir mit dem kleinen und bescheidenen Wörtlein »Humor« bezeichnen?

Reinhard Abeln

Ansteckende Heiterkeit

Es gibt Menschen, die stecken andere an –
mit ihrer Fröhlichkeit, mit ihrem Optimismus,
mit ihrem Humor.

Es gibt Menschen, die strahlen etwas aus.
In ihrer Gegenwart fühlen wir uns wohl.
Ihr Reden ermuntert, ihr Schweigen ist beredt.
Sie meiden das Laute; sie lieben die Stille.

Es gibt Menschen, die wünscht man sich zu
Freunden. Sie sind uns sympathisch
vom ersten Augenblick unserer Begegnung an.
Sie wirken gelassen, herzlich, selbstlos.

Es gibt Menschen, die künden Freude
schon allein durch ihr Da- und Sosein.
Sie leben die Frohbotschaft …

Adalbert Ludwig Balling

»Schaut nicht so sauer drein«

Mit mürrischen Leuten sei nicht gut Kirschen essen, sagt der Volksmund. Gutes tun, fröhlich sein und die Spatzen pfeifen lassen, sei das Beste, was man auf Erden tun könne, meinte Don Bosco.

Und Abraham a Sancta Clara (1644–1709), der originelle Wiener Hofprediger, drückte es noch bildhafter aus: »Schaut nicht so sauer drein, als hättet ihr Holzäpfelmost getrunken. Seufzt nicht immerdar wie ein ungeschmierter Schubkarren. Allegro! Seid fröhlich und guter Dinge! Traurigkeit ist des Teufels Droschkengaul ...«

Adalbert Ludwig Balling

Heiterkeit im Leid

Da lag in einem Pflegeheim eine 91-jährige Frau, die viel Schweres im Leben mitgemacht hatte und seit einigen Jahren bettlägerig war. Sie strahlte eine Heiterkeit aus, dass man sprachlos war. Ihr bezauberndes Lächeln faszinierte jeden, der ihr begegnen durfte. Viele, die sie besuchten, standen staunend an diesem Bett, wortlos, um die »Freude« anzuschauen – besser: zu genießen –, die auf diesem Gesicht lag.

Reinhard Abeln

Lieber Papst Johannes Paul I.

Noch nie im Leben habe ich einen Papst mit du angeredet, aber bei dir, lieber Johannes Paul I., traue ich mich. »Sie« käme mir zu gespreizt vor. Ich glaube, du würdest darüber lächeln, überhaupt, dein liebevolles Schmunzeln, deine natürliche Fröhlichkeit, deine persönliche Wärme und dein Auf-die-Menschen-Zugehen hat dich uns allen so sympathisch gemacht.

Warum ich dir schreibe? Nun, einmal, weil ich es dir nicht mehr persönlich sagen kann. Du bist ja so schnell wieder von uns gegangen – einen Monat nach deiner Wahl zum Papst. Du weißt, die Menschen waren sprachlos, waren verwirrt, als sie von deinem Tod erfuhren.

Die dir entgegengebrachte Sympathie war echt, ungezwungen, spontan. Ein Zeichen deiner großen Ausstrahlungskraft, deiner Liebe, deiner Fröhlichkeit. Deshalb schreibe ich dir!

Ich möchte dich bitten, doch dafür zu sorgen (du weißt sicher einen Weg, auch vom Jenseits aus!), dass wir Menschen froher werden.

Vielleicht lächelst du jetzt und sagst: Tut halt, was der Herr euch zu tun lehrt! Liebet einander, seid gut zueinander – und ihr werdet froh werden und Fröhlichkeit verbreiten!

Stimmt. Ich weiß es. Und viele meiner Mitmenschen wissen dies auch. Nur – im Alltag ist es nicht immer so einfach. Im Stress der Tagesarbeit, im Gedränge um die vorderen Plätze, in der Hast um dies und das vergessen wir gar zu oft, dass mit ein wenig Elan, mit etwas mehr Gelassenheit, mit einem Schuss Humor vieles in unserem Leben fröhlicher wäre.

Lieber Papst Johannes Paul I., ich schreibe dir diesen Brief, weil ich weiß, dass auch du gern Briefe geschrieben hast, sogar an hohe Persönlichkeiten; und du hast dich so nett mit ihnen unterhalten!

Gewiss, ich hätte lieber mit dir geplaudert, es dir anlässlich einer Audienz ins Ohr geflüstert, aber das geht nun nicht mehr. Dennoch – des bin ich sicher! – du hörst mich, lauschst meinen Worten, lächelst gütig und schmunzelst zufrieden.

Ich bin ja so froh, dass es dir geglückt ist, die Menschen aufzuheitern. Ich möchte dir danken, dass durch dich die Freude wieder heimisch wurde in der Kirche. Dass auch Bischöfe und Kardinäle sich wieder von Herzen zu lachen trauen.

Warum bist du bloß so schnell von uns gegangen? Du weißt keine Antwort – so wenig wie wir, aber vielleicht haben wir dich noch lieber gewonnen, weil wir dich nur kurze Zeit haben durften. Wir danken dir für diese 33 Tage als Papst; wir danken dir für dein Lächeln; wir danken dir für die Freude, die du ausgestrahlt hast. Wir danken Gott, dass wir dich – wenn auch nur so kurze Zeit – haben durften!

Bitte, Papst Johannes Paul I., stecke viele Menschen an mit der Freude, die du hattest; mit der Liebe, die du verschenktest; mit dem Lächeln, das dir so gut stand! Bleibe uns auch in zehn oder zwanzig Jahren noch als der lächelnde Papst in Erinnerung – als der Papst der Freude!

Adalbert Ludwig Balling

Damit die Freude Dauergast werde

Zur Gesundheit, insbesondere zum Wohlbefinden, gehören Heiterkeit; Heiterkeit und Humor lassen sich üben – meint ein bekannter Kurarzt. Sein Rezept: Man betrachte sich täglich einmal im Spiegel und lache sich an. Das klinge zwar reichlich albern, aber es bewähre sich in der Praxis. Und außerdem sei es nur eine von vielen Methoden, durch ein zuerst einmal gewolltes Verhalten später eine Dauerhaltung zu gewinnen. Man dürfe nicht jeder schlechten Laune nachgeben, weder der eigenen noch der des anderen. Man müsse lernen, das krankmachende Herunterschlucken von

Widerwärtigkeiten im täglichen Leben durch humorvolle Gesten zu umgehen.

Der Kurarzt gibt weitere Anweisungen zum Erlernen der Heiterkeit. »Dankeschön zu sagen, wenn man dazu Gelegenheit hat, ist ebenfalls ein Weg, Freude bewusst zu machen und Heiterkeit zu verbreiten – oder vorzubereiten.«

Und noch etwas Interessantes bemerkt der Kurarzt: Nicht selten habe man den Eindruck, dass die Heiterkeit der Spiegel des Glaubens sei. Atheisten und Ungläubige täten sich schwerer, heiter und humorvoll zu sein...

Der Gedanke, dass man Freude lernen kann, ist gar nicht so neu. Bischof Keppler hat dieses Thema in seinem Buch »Mehr Freude« vor mehreren Jahrzehnten aufgegriffen und mit viel Fleiß und Überzeugungskraft dargelegt. Freude und Heiterkeit sind lernbar – und je gläubiger einer ist, umso leichter müsse ihm die Freude fallen, umso größer sei auch das körperliche und seelische Wohlbefinden.

Es gibt viele Wege zur Freude. Einer, vielleicht der beste und sicherste, führt über die Verbindung zu Gott. Glaubende Menschen werden nie ganz ohne Freude sein. Dankbare Menschen werden nie den Glauben verlieren. Dankende und glaubende Menschen sind fast immer auch frohe Menschen.

HERR, so könnten wir beten, lehre uns glauben und danken, damit die Freude Dauergast bei uns werde.

Adalbert Ludwig Balling

Hab Sonne im Herzen

Hab Sonne im Herzen,
ob's stürmt oder schneit,
ob der Himmel voll Wolken,
die Erde voll Streit!

Hab Sonne im Herzen,
dann komme, was mag!
Das leuchtet voll Licht dir
den dunkelsten Tag.

Hab ein Lied auf den Lippen
mit fröhlichem Klang,
und macht auch des Alltags
Gedränge dich bang!

Hab ein Lied auf den Lippen,
dann komme, was mag!
Das hilft dir verwinden
den einsamsten Tag.

Hab ein Wort auch für andre
in Sorg und in Pein
und sag, was dich selber
so frohgemut lässt sein:

Hab ein Lied auf den Lippen,
verlier nie den Mut,
hab Sonne im Herzen
und alles wird gut!

Cäsar Flaischlen

Humor ist Gotteslob

Heiteres vor und hinter Klostermauern

Ordensleute mit Witz und Humor

Ein des Malens kundiger Klosterbruder wurde einmal beauftragt, die heilige Teresa von Ávila zu porträtieren. Die große spanische Ordensfrau musste stundenlang bewegungslos dasitzen, eine wahre Qual für die überaus aktive Nonne. Am Ende war das Konterfei keineswegs zur Freude des Modells. Teresa kommentierte denn auch entsprechend: »Bruder Juan, Gott möge dir verzeihen, dass du mich so hässlich und triefäugig gemalt hast!« – Sie lachte aus vollem Herzen und steckte damit ihre Mitschwestern an.

Die Heilige von Ávila war eine Frau mit viel Witz und Humor; fröhlich bis ins hohe Alter. Sie lachte gerne und ließ es sich nicht nehmen, in den Erholungsstunden mit ihren Schwestern auch mal nach dem Tamburin zu greifen, zu tanzen und selbst verfasste Lieder zu singen. Sie hatte mitunter auch »das unstillbare Verlangen nach gezuckerten Orangenblüten«, und als sich eine ihrer Schwestern darüber aufregte, ließ Teresa sie wissen: »Es wäre besser für dich, die Freundlichkeit Gottes zu loben! Und vergiss nicht: Wenn Rebhuhn, dann Rebhuhn; wenn Buße, dann Buße!« – Ihr, der Heiligen von Ávila, wird übrigens auch der viel zitierte Satz zugeschrieben: »Vor sauertöpfischen Heiligen, bewahre uns, o Herr!«

Es wäre völlig falsch zu glauben, fromme Menschen seien lebenslängliche Pessimisten oder in den Klöstern treffe man nur auf traurige Asketen. Das Gegenteil ist oft der Fall! Man erinnere sich in diesem Zusammenhang nur an Don Bosco, Franz von Assisi oder Philipp Neri! Oder auch an die Päpste Johannes XXIII. und Johannes Paul I.

Ein anderes Beispiel aus neuerer Zeit war Pater Rochus Spiecker; der Dominikanerpater erhielt den vielbegehrten »Orden wider den tierischen Ernst«. Seine Essays und Predigten atmeten echten Humor und fröhliche Gelassenheit. Gern zitierte Pater Rochus den Schweizer Dramatiker Friedrich Dürrenmatt: »Heute, da der Nihilismus sich feierlich gibt, ist die Sprache der Freiheit der Humor.«

Ich erinnere mich an einen Mariannhiller Missionar. Den nannten sie »Bruder Immerfroh«. Gefragt, wie er das schaffe, immer gut gelaunt zu sein, antwortete er schlitzohrig: »Ich habe (fast) immer getan, was Gott wollte – und Gott hat (fast) immer getan, was ich wollte.« Voila! – Seine Erfahrung: Wenn wir Gottes Willen zu tun suchen, lässt auch er uns nicht im Stich! Im Übrigen, so betonte er oft, sei Gott kein Gott von Trauerklößen, sondern ein Gott der Freude.

Wenn man von »Humor hinter Klostermauern« spricht, wer denkt da nicht an den Augustiner Barfüßer Ulrich Megerle, besser bekannt als Abraham a Sancta Clara. Er stammte aus Meßkirch in Oberschwaben, ein großer Spaßmacher, ein Original, der übrigens Schiller als Vorbild diente für den Kapuzinerprediger in seiner Wallenstein-Trilogie.

Abraham a Sancta Claras Predigten und Schriften triefen von lustigen, hintergründigen, mitunter auch derben Vergleichen; er war ein Urviech, wie man in Bayern zu sagen pflegt. Aber er zeigte auch viel Mut; als Wiener Hofprediger wagte er es, auch den Hofdamen die Meinung zu sagen; mitunter lachte halb Wien über seine urigen Anmerkungen.

In seinem Buch »Judas, der Erzschelm« schreibt er unter anderem: »Bin ich ein Mönch, so werde ich hart gestriegelt; bin ich ein Soldat, so werde ich oft geprügelt; bin ich ein Bauer, so tut man mich schinden; bin ich ein Dieb, so tut man mich binden; bin ich ein Doktor, so muss ich studieren; bin ich ein Narr, so tut man mich vexieren; bin ich reich, so lebe ich in Sorgen; bin ich arm, so will man mir nichts borgen; bin ich hoch, so leide ich viel Mucken; bin ich niedrig, so tut man mich drucken; bin ich ledig, so habe ich keine Freuden; bin ich verheiratet, so muss ich viel leiden ...«

Der Humor sei ein Freund der Wahrheit, schreibt der Mönch aus Meßkirch an anderer Stelle. Humor entblöße, ohne zu schockieren; Humor entlarve, ohne zu verurteilen; Humor lege den Finger auf die Wunde, liefere aber auch das Verbandzeug mit!

Kurzum, Humor richtig verstanden, ist die Tugend der Heiligen; eine Gnade, um die man sich mühen, um die man beten sollte.

Lachen ist etwas Urmenschliches. Schmunzeln, lustige Anekdoten erzählen, andere zum Lachen bringen – all das kann kein Tier. Tiere kichern nicht, Tiere lachen nicht, Tiere schmunzeln nicht, Tiere sind »tierisch ernst«. Letztlich hat nur der religiös verankerte Mensch Humor; der Mensch, der Gottvertrauen hat, der wohl über sich und andere lachen kann, aber niemals Mitmenschen verletzen will.

Man könnte auch sagen: Humor ist Gotteslob; ist Freude am Dasein; ist Dankbarkeit gegenüber Gott, der ein Gott der Freude ist. Freude ist eine Liebeserklärung an das Leben – an das uns von Gott geschenkte Leben.

Adalbert Ludwig Balling

Gott liebt die Fröhlichen

Der Abt eines großen und strengen Klosters sagte einmal in einem Gespräch über Ordensberufe: »Eigentlich ist es gar nicht so wichtig, ob einer, der bei uns eintreten will, katholisch ist. Von eminenter Bedeutung aber ist es, dass er Humor hat. Nein, wirklich katholisch muss einer nicht unbedingt sein, der zu uns kommen will; das kann man ja noch werden. Aber ohne Humor hält es bei uns keiner lang aus.«

Ein moderner Seelenforscher meinte, wohl ähnliche Erfahrungen im Rucksack: Blödeln und Sticheln sei die billigste Form der Psychologie *gegen jede Art von Melancholie.*

Melancholiker taugen nicht fürs Kloster. Wer immer nur schwarzsieht, hat kein Vertrauen in die Zukunft und meistens auch kein Vertrauen in Gott. Gewiss, Ordensleute, Mönche wie Nonnen, sind keine geborenen Frohnaturen. Auch sie müssen erst im Laufe eines langen Lebens lernen, dass Humor eine Tugend ist, um die man sich mühen muss. Oder, wie Martin Heidegger es formulierte: »Die wissende Heiterkeit ist ein Tor zum Ewigen.«

Der Niederländer Henri Nouwen, der zeitweise auch in strengen Klöstern gelebt hat, schrieb einmal: »Klöster baut man nicht, um Probleme zu lösen, sondern um mitten aus den Problemen heraus Gott zu lobpreisen.« – Solches Gotteslob wird nur gelingen, wenn man zur inneren *Heiterkeit, zur Heiterkeit des Herzens,* gefunden hat.

Mit Spott und Satire oder gar Häme hat das nichts zu tun. Eher mit dem »leisen Singen der Seele« (Zenta Maurina). – Vielleicht ist dieses *Singen der Seele* älteren Menschen vorbehalten; vielleicht ist Humor überhaupt erst möglich, wenn man ein wenig Abstand genommen hat von der Hast und dem Stress des Alltags. Ältere Menschen haben oft einen besonderen Sinn für die Komik des Lebens – weil sie gelernt haben, loszulassen.

Humorlose schaffen es nie, ganz loszulassen! Weil sie sich selber viel zu ernst nehmen – und auch alles um sie herum. – Dazu eine Episode: Da kommt ein älterer Herr in die Buchhandlung und gibt der Dame neben der Kasse zu verstehen, er suche etwas Passendes für einen guten Freund, der im benachbarten Krankenhaus liege. Fragt die Buchhändlerin: »Wünschen der Herr etwas Spezielles? Vielleicht etwas Religiös-Seriöses? Oder geht es dem Patienten schon wieder besser?«

Nun, Patienten, egal wie krank, tut meistens ein heiteres, ein aufmunterndes Wort gut. Das wusste schon Horaz (65–8 v. Chr.); der römische Poet schrieb einmal: »Mische ein bisschen Torheit in dein ernsthaftes Tun und Trachten. Albernheiten zur rechten Zeit sind etwas Köstliches.«

Das gilt übrigens auch für seriöse Mönche. Ein lateinisches Sprichwort greift in einer Tierfabel auf witzige Weise auf, was Horaz meinte: *Lupus languebat, monachus tunc esse volebat, sed cum convaluit, lupus ut ante fuit.* (Als der Wolf krank war, wollte er Mönch werden. Als er wieder gesund wurde, war er ein Wolf wie vorher.)

Mönche (vom Griechischen *mon-achos*, Einsiedler) lebten früher oft dort, wo sich, wie man zu sagen pflegte, Wölfe und Hasen Gute Nacht sagen, nämlich in unwegsamen, einsamen Regionen. Eine alte chassidische Geschichte berichtet von einem Mann, der einen weiten Weg zurückgelegt hat, um einen Einsiedlermönch zu besuchen. Von dort wieder nach Hause zurückgekehrt, fragte man ihn, ob sich der lange Weg gelohnt und was er vom Eremiten gelernt habe. Seine Antwort: Es sei ihm lediglich darum gegangen, zu erfahren, wie der berühmte Einsiedler seine Schnürsenkel zubinde! – »Und«, wollten die Neugierigen weiter wissen, »wie macht er es?« – Heiteres Schmunzeln in den Augen des Pilgers: »Er trägt offene Sandalen!«

Kleine Gesten – etwa, wie einer in der Nase bohrt oder eine Fliege verscheucht oder seine Schnürsenkel bindet – können mitunter von einem Menschen mehr aussagen als weitschweifige philosophische Thesen.

So sind es denn oft auch die kleinen Schmunzelgeschichten, die mehr Humor und mehr Weisheit beinhalten als lange Reden.

Der *wissend Heitere* ist allemal auf dem rechten Weg; das Tor der Ewigkeit steht ihm weit offen.

Adalbert Ludwig Balling

Gutes Fortkommen gesichert

Die einzelnen Orden schickten einen Vertreter nach Betlehem, um dem göttlichen Kind zu huldigen.

Der Dominikaner legt seine Gaben mit den Worten in die Krippe: »Mein Gott, hier bringe ich dir die goldene Wissenschaft.« Der Benediktiner übergibt seine Gaben mit den Worten: »Das ist der Weihrauch unserer Gebete.« Und der Franziskaner sagt: »Hier, Herr, hast du die Myrrhe unserer Armut.«

Inzwischen hat der Jesuit den heiligen Josef beiseitegenommen und flüstert ihm zu: »Wenn er dann groß geworden ist, schickt ihn auf unser Gymnasium. Wir werden schon was aus ihm machen!«

Rätsel

Ein Graf trifft einen Mönch und will sich über ihn lustig machen. Er fragt ihn: »Was ist der Unterschied zwischen einem Mönch und einem Esel?« »Ich weiß es nicht«, antwortet der Mönch wahrheitsgemäß. »Der Mönch trägt ein Kreuz auf der Brust und der Esel ein Kreuz auf dem Rücken«, lacht der Graf.

»Ich gebe Ihnen auch ein Rätsel auf«, sagte der Mönch. »Kennen Sie den Unterschied zwischen einem Grafen und einem Esel?« »Nein«, antwortet der Graf. »Ich auch nicht«, antwortet der Mönch.

Rettender Einfall

Ein Franziskaner, ein Benediktiner und ein Jesuit warten schon eine Weile vor der Himmelspforte, doch Petrus hat sie offensichtlich noch nicht bemerkt, denn die Tür bleibt zu. Als ein eben verstorbener Kardinal eintrifft, ist Petrus jedoch sofort auf den Beinen, öffnet die Pforte und bittet seine Eminenz hinein.

Schon will er hinter ihm die Pforte wieder schließen, da klemmt sich der Jesuit den Franziskaner und den Benediktiner unter die Arme, schiebt sich schnell noch durch die Pforte und sagt zum verdutzten Petrus: »Das Gepäck seiner Eminenz!«

Ärztliche Schweigepflicht

Eine Ordensschwester begibt sich zur Operation: »Herr Doktor, ich habe schreckliche Angst. Ich war noch nie zur Operation, es ist meine erste.«

»Ich weiß, Schwester, ich weiß, wie es Ihnen geht!«, sagt der Chirurg. »Es ist auch meine erste …«

Reinhard Abeln

Der tanzende Gaukler-Mönch

Es war einmal ein Gaukler, der von Ort zu Ort zog, tanzend, singend – und so seine Späße machte auf den Dorfangern und in den Markthallen der Städte. Eines Tages hatte er es satt, die Menschen zu belustigen. Künftig, so sagte er sich, wolle er ein besinnliches Leben führen. Und so begab er sich in ein Kloster. Dort wollte er den Rest seines Lebens verbringen – schweigend und betend.

Doch wie er die anderen Mönche sah, die des Schweigens und des Gebetes Kundigen, da kam er sich bald leer und ausgebrannt vor. Und als er es nicht mehr aushielt, zog er sich, während die Gemeinde beim Chorgebet war, in eine kleine Waldkapelle zurück. Dort streifte er die Kutte ab und fing an zu tanzen – so wie er es früher, als er noch von Dorf zu Dorf zog, gewohnt war. Er tanzte die kühnsten Tänze – und er tanzte sie zur Ehre Gottes. Tanzen war sein Gotteslob. Er tanzte so lange, bis ihm der Atem ausging.

Einer der Mönche war ihm heimlich gefolgt, hatte ihn durchs Kapellenfenster beobachtet – und war anderntags zum Abt gegangen, um ihm davon zu berichten. Der Abt ließ den Gaukler-Mönch zu sich kommen. Der erschrak, fiel auf die Knie und sagte: »Vater Abt, ich bin unwürdig. Ich will wieder hinaus in die Welt. Tanzen und lustig sein, war meine Aufgabe ...«

Da unterbrach ihn der Abt, neigte sich zu ihm nieder und küsste ihn; dann sagte er zum Gaukler: »In deinem Tanz, lieber Freund und Bruder, hast du Gott mit Leib und Seele geehrt. Du bist würdiger als alle anderen Mönche!« Und der Gaukler durfte künftig vor allen Brüdern tanzen – und tanzend vor der Brüdergemeinde Gott lobpreisen ...

Adalbert Ludwig Balling
(nach einer alten Legende aus Frankreich)

Ordenskrieg

Ein Jesuit beichtet bei einem Dominikaner. Der gibt ihm als Bußgebet auf, einen Rosenkranz zu beten und nach jedem Gesätz die Allerheiligenlitanei. Der Dominikaner hat jedoch Pech: Bei seiner nächsten Beichte gerät er an eben jenen Jesuiten. Der erkennt ihn und gibt ihm am Ende folgende Buße auf: »Lieber Mitbruder, beten Sie zur Buße die Allerheiligenlitanei und nach jeder Anrufung einen Rosenkranz.«

Gewusst wie

Drei Franziskaner und drei Jesuiten fahren nach Rom zur Audienz beim Papst. Die Franziskaner kaufen drei Fahrkarten und die Jesuiten für alle drei nur eine Fahrkarte. »Wie wollen die den Schaffner überlisten?«, fragen sich die Franziskaner.

Alle steigen ein, sitzen zusammen im selben Abteil und der Zug fährt ab. Der Kontrolleur ist zu hören. Die Jesuiten stehen auf und flüchten auf das WC. Der Kontrolleur locht die Fahrkarten der Franziskaner und klopft dann an die WC-Tür. Die Jesuiten stecken ihre Fahrkarte unter der Tür durch, der Schaffner locht sie, schiebt sie zurück und geht weiter. Aufmerksam haben die Franziskaner alles beobachtet. »Wenn wir zurückfahren, machen wir das genauso.«

Nach dem Besuch beim Papst kaufen sich die Franziskaner nur eine Fahrkarte, die Jesuiten aber gar keine. Sie sitzen wieder alle zusammen im selben Abteil.

Der Kontrolleur ist zu hören. Die Franziskaner springen auf und flüchten auf das WC. Es klopft an der Tür. Die Franziskaner schieben die Karte unter der Tür durch. Die Jesuiten nehmen die Karte und flüchten auf das WC am anderen Ende des Wagens.

Reinhard Abeln

Humorvolle Brüder

Dass Humor auch als christliche Tugend zu verstehen sei, bewiesen die Brüder einer Ordensgemeinschaft in einer westdeutschen Stadt. Sie erhielten einen Brief etwa folgenden Inhalts: »Aus Dankbarkeit und Freude darüber, dass mein schwer kranker Hund wieder gesund geworden ist, möchte ich den Brüdern des heiligen Franziskus, der auch die Tiere in seine Güte mit einschloss, eine kleine Spende übergeben...«

Die humorvollen Brüder antworteten dem Briefschreiber, übrigens Professor von Beruf: »Wir danken für Ihre freundliche Spende. Der Dankbarkeit gegen Gott ist ja keine Grenze gesetzt, wie der heilige Paulus im Epheserbrief feststellt: Danket allzeit Gott, dem Vater, für alles, im Namen unseres Herrn Jesus Christus! – Wir wünschen Ihnen weiterhin viel Freude an Ihrem Hund!«

Ich meine, wenn wir Christen mehr Humor hätten, wenn wir humorvoller miteinander umgingen – unser Leben wäre menschlicher, froher, lebenswerter. Und: Nietzsche und Gleichgesinnte hätten keinen Grund mehr zu klagen: Frohere Lieder müssten sie singen, um an ihren Gott glauben zu können!

Adalbert Ludwig Balling

Sommermode

Ein Franziskaner und ein Herr sitzen im Zugabteil. Der Sommer ist schrecklich heiß und im Abteil ist es glühend wie in einer Backröhre. Beide schwitzen, der eine im Anzug, der andere in der Kutte.

Der Herr zieht sich das Sakko aus, krempelt sich die Hemdsärmel hoch und öffnet die Krawatte. Schadenfroh wendet er sich an den Franziskaner: »Sehen Sie, so was können Sie nicht machen!«

Der Ordensmann verschwindet kurze Zeit aus dem Abteil und kommt zurück, die Hosen über dem Arm und meint zu dem Herrn: »Sehen Sie und so was können Sie nicht machen!«

Sich mausern

In einem Kloster soll es – wenigstens früher – verboten gewesen sein, dass einer bei Tisch für sich selber etwas Fehlendes reklamierte; das war das Amt seines Nachbarn und so passte jeder auf den andern auf. Da sah einmal ein Pater zu seinem Entsetzen eine tote Maus in seiner Suppe schwimmen. Was tun? Sich beschweren durfte er nicht und sein Nachbar bemerkte es nicht. Und so winkte er den Bruder, der Tischdienst hatte, herbei und flüsterte ihm zu: »Mein Nachbar hat noch keine Maus in der Suppe!«

Reinhard Abeln

Spaß muss sein

Die Kapuziner sind für humorvolle und originelle Späße bekannt. In ihrer Hauszeitschrift las ich einmal, ihre Exerzitienmeister handelten seit einiger Zeit untereinander »heiße Tipps« für Besinnungstage, sozusagen »Grundraster« zum Thema Selbstfindung. Darin heiße es u. a.:

Den ersten Tag stelle man unter den preußischen Aspekt: »Mann, jeh in dir!« (War ick schon; is och nischt los!)

Den zweiten Tag betrachte man mit schwäbischer Gemütlichkeit: »Du, gang emol in de!« (Noi, 's isch m'r z'weit!)

Und den dritten Tag begleite man mit bayerischem Humor; der Teilnehmer trete vor den Spiegel, nehme die Karl-Valentin-Pose ein und murmele: »Hait b'suach i mi. Hoffentlich bin i dahoam!«

Nur wer bei sich daheim ist,
nur wer sich annimmt,
nur wer sich selbst mag,
wird es schaffen,
auch die anderen zu mögen
und zu lieben.

Sich annehmen geht nicht ganz ohne Humor:
Man muss sich annehmen samt seiner Ecken und Kanten und auch über seine Fehler und Schwächen gelegentlich schmunzeln. Ich bin sicher, Gott geht oft schmunzelnd über unsere »Ungereimtheiten« hinweg, schmunzelnd und verzeihend.

Adalbert Ludwig Balling

Unzufrieden

Hans wird im »Kloster der Stille« aufgenommen und der Abt erklärt ihm: »Du heißt nun Bruder Johannes und in diesem Kloster herrscht ein Schweigegelübde, du bist willkommen, solange du magst, aber du darfst ein Jahr kein Wort sprechen.« Bruder Johannes lebt in dem Kloster ein ganzes Jahr lang. Dann ruft ihn der Abt zu sich und sagt: »Bruder Johannes, du bist nun ein Jahr hier und nun darfst du zwei Worte sprechen.«

Bruder Johannes sagt: »Hartes Bett.«

»Es tut mir leid, das zu hören«, entgegnet der Abt. »Wir werden dir ein besseres Bett besorgen. Nun schweige wieder ein Jahr.«

Im nächsten Jahr wird Bruder Johannes zum Abt gerufen: »Bruder Johannes, du darfst nun zwei weitere Worte sprechen.«

Bruder Johannes sagt: »Kaltes Essen.«

Der Abt versichert ihm, dass man das Essen in der Zukunft verbessern wolle.

Am dritten Jahrestag im Kloster ruft der Abt Bruder Johannes wieder in sein Zimmer: »Zwei Worte darfst du heute sagen.«

»Ich geh«, entgegnet Bruder Johannes.

»Das ist wohl das Beste«, sagt daraufhin der Abt, »seit du hier bist, hast du nur gemeckert.«

Alles relativ

Der Abt eines Benediktinerklosters erklärt seinen um den Tisch versammelten Mönchen, dass eine Gönnerin des Klosters den Mönchen ein kostbares Olivenöl geschenkt habe: Jeder, so der Abt, nehme sich nur ein »Kyrie eleison« davon!

Die Flasche geht herum, jeder Mönch spricht ein kurzes »Kyrie eleison« und reicht sie weiter. Als die Flasche schließlich beim Vater Abt ankommt, stimmt der ein »Kyrie eleison« an und singt so lange »Ky-y-yri-i-i-ie-ie-ie-eeeeee-leee-i-soooooooooooooooon«, bis die Flasche leer ist.

Reinhard Abeln

Der Mönch und der Bettler

Im Jülicher Land zog ein Bettler übers Feld, der nicht mehr als Lumpen am Leibe hatte. Da begegnete ihm ein alter Barfüßermönch, der eine Menge Tuch auf seiner Schulter trug, das er für sein Kloster zusammengebettelt hatte. Der Bettler sagte zu ihn: »Mann Gottes, teilen wir miteinander, denn wozu nützt Euch das viele Tuch? Ich aber habe nichts am Leibe, wie Ihr seht.«

Darauf der Mönch: »Lieber Gesell, zieh du deines Weges weiter. Ich bin eine geistliche Person und daher lass mich zufrieden. Ich gebe dir nichts.« »Wie, du willst geistlich sein und weigerst dich, einen Nackten zu bekleiden, wo du doch des Tuches in Fülle hast? Wisse, dass du dich dem Teufel überantwortest, wenn du Gottes Befehl zu übertreten wagst. Meinetwegen aber sollst du nicht zum Teufel fahren.«

Mit diesen Worten ergriff er das Tuch und sagte: »Ich habe nicht mehr als drei Ellen nötig; das Übrige behalte du.« Und ohne sich um des Mönches Widerstand zu kümmern, maß er an seinem Spieß drei Ellen ab, wickelte sie zusammen und ging weiter.

Der Mönch raffte den Rest zusammen und schrie ihm zornig nach: »Du gottloser Kerl! Am Jüngsten Tage werde ich dich vor Christi Stuhl verklagen und dann sollst du mir das Tuch bezahlen!«

Als der Bettler das hörte, wandte er sich um und sagte zu dem Mönch: »Da du mir für meine Bezahlung eine so lange Frist setzest bis zum Jüngsten Tage, wie du sagst, so will ich das übrige Tuch auch noch nehmen. Wir können dann über das Ganze abrechnen. Vergiss also nicht, die Schuld aufzuschreiben, und ich möchte nur, dass ich dein ganzes Kloster zum Schuldner hätte.«

Bepackt mit dem ganzen Tuchvorrat, zog er davon und ließ dem verblüfften Mönch das Nachsehen.

Überliefert

Der Mönch, der mit dem Kinde spielte

Er war der Älteste in seinem Kloster und galt als weise und gütig. Er wusste um sein nahes Lebensende. Eines Morgens befand er sich auf dem steilen Weg zum Himmel. Dort angekommen, pochte er ans große Tor. Einmal, noch einmal, ein drittes Mal. Nichts regte sich; die Tür blieb verschlossen. »Bin ich vielleicht nicht würdig fürs Himmelreich?«, fragte er sich selber. »Habe ich zu wenig gebetet? Zu selten gefastet? Zu oberflächlich geschwiegen?«

Abgehärmt und abgemagert schlurfte der greise Mönch ein Jahr später abermals den steilen Weg zum Himmel hinauf. Er klopfte. Mehrmals. Nichts rührte sich. – »Was habe ich bloß falsch gemacht?«, überlegte er bei sich. »Ich habe keinen Menschen bekehrt. Ob das meine Schuld ist?«

So entschloss er sich, zu den Heidenvölkern zu gehen. Im nahen Hafen bestieg er ein Boot, das ihn in die Fremde brachte. Dort fing er sofort an zu predigen und die Ungläubigen zu bekehren. Aber schon nach wenigen Tagen brachte ihn die Hafenpolizei aufs Schiff zurück. Er bringe Unruhe ins Land, er verwirre die Menschen, ließ man ihn wissen. Im nächsten Hafen, den das Schiff anlief, schlug ihm frostige Kälte entgegen: Ein Prediger einer anderen Kirche war ihm zuvorgekommen. Dennoch harrte der greise Mönch aus, ein Jahr lang. Dann erklomm er abermals den Weg zum Himmel. Er pochte an die Himmelstür. Nichts rührte sich.

Jetzt erbleichte der Mönch: »Was fehlt mir noch?« Er wusste keine Antwort. Nach Tagen und Wochen des Grübelns entschloss er sich, es mit der Krankenpflege zu probieren. Sofort wanderte er in die benachbarte Stadt und kümmerte sich liebevoll um alle, die Not litten, die krank waren, die Trost suchten. Er rackerte sich ab von früh bis spät.

Zum Jahresende machte er sich erneut auf den Weg zum Himmel. Wieder rührte sich nichts. Traurig, sehr traurig setzte er sich neben das Himmelstor. Beinahe wäre er eingeschlafen, doch da entdeckte er ganz in der Nähe ein kleines Kind. Es baute eine Sandburg.

»Spielst du mit mir?«, fragte die Kleine. Der greise Mönch nickte gütig. Beim Spielen vergingen die Stunden. Es wurde Abend; die Sonne näherte sich feurig rot dem Horizont. »Schau mal, wie schön das ist!«, rief das Kind. Und der Mönch strahlte vor Glück und Freude; sein Herz wurde weit. »Gott, wie schön ist deine Welt!«, murmelte er und in diesem Augenblick knarrte die Himmelstür – und der greise Mönch wusste, dass er jetzt eintreten durfte …

Adalbert Ludwig Balling (nach einer mittelalterlichen Legende)

Haltungsfehler

Unter den frommen Brüdern ist ein Mönch schwer erkrankt. Der herbeigerufene Arzt untersucht ihn und meint dann zum Abt: »Es ist Gott sei Dank nichts Ernstes. In einer Woche haben wir ihn wieder auf den Knien.«

Hahnenstolz

Ein Jesuit kommt zu einer Predigt in ein Pfarrhaus. Hinterher ist er zum Mittagessen eingeladen. Die Köchin bringt für jeden ein kräftiges Hähnchen herbei. Aber noch ehe man beginnen kann, wird der Pfarrer dienstlich abgerufen. Er sagt zum Pater: »Fangen Sie ruhig schon mal an, ich komme gleich nach.«

Der Jesuit isst sein Hähnchen, und da es ihm gut schmeckt und der Pfarrer immer noch nicht zurück ist, bekommt er Appetit auf das zweite Hähnchen. »Ehe es kalt ist, esse ich ein Stück«, denkt er. Bald ist das ganze Hähnchen des Pfarrers im Magen des Jesuiten verschwunden. Als der Pfarrer schließlich nach einer guten Stunde wiederkommt, findet er die Platte leer gegessen. Er macht gute Miene zum bösen Spiel und lässt sich etwas anderes von der Küche herrichten.

Nach dem Essen gehen sie in den Pfarrgarten und bewundern dort die Blumen, die Bäume und den Hühnerstall. In dem Hühnerstall ist ein herrlicher großer Hahn und der Jesuit sagt: »Was für ein prächtiges Tier!« »Ja«, sagt der Pfarrer, »der hat auch Grund, stolz zu sein. Denn er hat zwei Söhne bei den Jesuiten.«

Essen für Pilatus

Im Kloster wird gebaut. In der Küche bleibt jede Menge Suppe übrig. Die Küchenschwester geht mit der Suppe zur Baustelle, um sie an die Arbeiter zu verteilen. Sie überlegt: »Bevor ich den Arbeitern die Suppe gebe, möchte ich doch wissen, wie es um ihren Glauben steht.« Als Erstes trifft sie einen Maurer. Sie fragt ihn: »Kennen Sie Pontius Pilatus?« Der Maurer schreit nach oben: »Kennt einer den Pontius Pilatus?« »Warum?«, tönt es zurück. »Seine Alte ist da und bringt ihm das Essen!«

Reinhard Abeln

Ein unordentlicher Ordensmann

Pater Cyprian liegt im Krankenhaus; Christiane, seine leibliche Schwester, besucht ihn. Auf dem Gang zum Krankenzimmer trifft sie den Oberarzt; der antwortet auf die Frage, wie es ihrem Bruder gehe: »Sein Magen ist leider nicht in Ordnung!« Antwortet Christiane: »Das wundert mich überhaupt nicht, Herr Doktor. Sie sollten erst mal seinen Schreibtisch sehen!«

Pakt mit den Armen Seelen

Bruder Mauritius sagt öfters, er brauchte keinen Wecker; er wache auch ohne diesen Lärmmacher rechtzeitig auf. Das verdanke er einem Geheimvertrag mit den Armen Seelen. Sie hätten ihn noch nie im Stich gelassen. – Von einem Mitbruder gestichelt, was er dann tue, wenn auch die Armen Seelen einmal ausschlafen wollten, antwortete der Schelm im Klosterrock: »Na gut, dann schlafe ich halt auch mal etwas länger!«

Zahnbürsten-Appell

Als Bruder Rochus (Gott hab ihn selig!) zum Militärdienst im 2. Weltkrieg einberufen wurde, tat er sich sehr schwer. Er hatte zwar im Kloster zu gehorchen gelernt, aber beim Barras war's dann doch ganz anders. Gleich am ersten Tag hieß es: »Alle Mann antreten zum Zahnbürsten-Appell!«

Rochus, an sich ohnehin schon ein großes Schlitzohr, zeigte sein Kleider-Bürstchen. Der Feldwebel
brüllte: »Zahnbürste habe ich gesagt!«

Rochus, keineswegs eingeschüchtert, antwortete:
»Das ist meine Zahnbürste, Herr Feldwebel!«

Darauf schrie dieser: »Sie sind wohl verrückt!«
Dazu der Bruder: »Ich nicht! Schaun's, hier ist mein
Gebiss!« Und er griff nach seinen künstlichen Zähnen
und wies diese vor. Dann fügte er hinzu: »Das Kleider-Bürstchen ist meine Zahnbürste!«

Ringsum lautes Gelächter. Darauf der etwas verdat-
terte Feldwebel: »Abtreten! Und morgen haben auch
Sie natürliche Zähne! Verstanden!?«

Adalbert Ludwig Balling

Lachen ist die beste Medizin

Lustige Witze und flotte Episoden

Lachen ist gesund

Ein alter Indianerhäuptling im Norden Kanadas, der in der Gegend für seine präzisen Wettervorhersagen bekannt war, wurde einmal von einem Fernsehjournalisten gefragt, woran er denn erkenne, dass der nächste Winter ein sehr strenger werde.

Der schlitzohrige Indianer zog kräftig an seiner Pfeife, stieß die Kringel in die vier Windrichtungen, deutete auf die Hütte des weißen Nachbarn und sagte trocken: »Weißer Mann machen großen Holzstoß!«

Diese Anekdote erinnert mich an jenen Franzosen, der meinte, die Hälfte der Menschen lache auf Kosten der anderen. Solange es kein Ver-lachen ist, sollten wir mit-lachen. Lachen ist gesund, Lachen hilft über manches im Leben hinweg.

Und wer behauptet, das Leben sei viel zu ernst (als dass man darüber lachen dürfte), hat den Sinn der Welt nicht begriffen.

Ich kann mir Gott beim besten Willen nicht als humorlosen Melancholiker vorstellen. Es sind zu viele lach-hafte Geschöpfe aus seiner Hand hervorgegangen. Seine Schöpfung ist voll schmunzelnder Wahrheiten.

Käuze, Schelme, Spleenhorns, Originale! Wie immer wir sie nennen, sie haben ein Recht, so zu sein, wie sie nun einmal sind. Wir müssen annehmen, dass Gott sie so gewollt hat.

Überhaupt, scheint mir, haben wir europäischen Christen ein viel zu ernstes Gesicht bekommen im Laufe unserer langen Geschichte. Wir tragen Kultur und Zivilisation mit uns herum, wir be-nehmen uns, haben Benimm, reißen uns zusammen, studieren Knigge.

Gut. Aber dürfen wir deswegen die abtun, die auf ihren Gesichtern gelegentlich noch etwas Spitzbübisches und Schelmisches aufleuchten lassen?

Eine indische Studentin in Österreich sagte vor Kurzem: Die Europäer haben alle eine große Sehnsucht, aber sie haben keine Träume mehr auf ihren Gesichtern. Schön gesagt, gut beobachtet!

Wir haben Sehnsucht, aber keine Träume. Wir stellen Allerweltsgesichter aus. Statt mit dem Indianerhäuptling über uns selbst zu lachen, nehmen wir uns ernster als nötig.

Dabei ist Lachen so gesund! Ein Sprichwort aus Angola sagt es trefflich: »Lachen reinigt nicht nur die Zähne; es säubert auch die Runzeln vom Staub.«

Adalbert Ludwig Balling

Himmlisch-Heiteres

Verdienste

Ein Pfarrer und ein Reisebusfahrer warten zusammen an der Himmelstür und bitten um Einlass. Als Petrus aufmacht, bittet er den Reisebusfahrer hinein, verwehrt aber dem Pfarrer den Eintritt. Auf den Protest des verwunderten Geistlichen antwortet Petrus: »Ganz einfach! Jedes Mal, wenn die Menschen in deiner Kirche waren, haben sie geschlafen, aber jedes Mal, wenn sie im Bus gesessen haben, haben sie gebetet.«

Schon möglich

Ein Millionär liegt im Sterben und ruft den Pfarrer. »Herr Pfarrer, wenn ich mein Vermögen der Kirche vermache, kann ich dann sicher sein, in den Himmel zu kommen?«

»Versprechen kann ich nichts«, meint der Pfarrer, »aber versuchen sollten Sie es auf alle Fälle.«

Zu Befehl

Im Himmel angekommen, finden die verstorbenen Ehemänner am Eingang zwei Türen vor. Auf einem Schild an der linken Tür heißt es: »Für Pantoffelhelden« und rechts: »Für richtige Männer«.

Die rechte Tür ist schon ganz rostig, weil sie schon lange nicht mehr benutzt worden ist. Aber als Petrus eines Morgens aus dem Fenster schaut, sieht er doch tatsächlich einen Mann vor der verlassenen Tür stehen.

»Hör mal«, ruft Petrus ihm zu, »du willst mir doch nicht weismachen, dass du der einzige Mann bist, der nicht gemacht hat, was seine Frau sagt. Bist du sicher, dass du hier richtig stehst?«

Antwort: »Ja, ich wollte zuerst auch auf die andere Seite, aber meine Frau hat gesagt: ›Du stellst dich hier an!‹«

Himmlischer Fußball

Zwei Fußballspieler machen sich Sorgen, ob wohl auch im Himmel Fußball gespielt wird. Schließlich versprechen sie sich gegenseitig, dass der, der zuerst im Himmel ankommt, dem anderen Bescheid gibt, wie es dort damit bestellt ist. Bald darauf stirbt tatsächlich der eine und kurze Zeit später erscheint er seinem Freund im Schlaf und sagt: »Ich habe zwei gute Nachrichten für dich: 1. Es wird hier tatsächlich Fußball gespielt. 2. Du wirst morgen schon als Stürmer eingesetzt ...«

Suchkartei

Eine Frau sucht im Himmel ihren Mann. Er fehlt ihr noch zu ihrem Glück. Petrus sucht in seiner Kartei und blättert alles durch, was unter »heilige Männer, Bekenner u. a.« steht. Seinen Namen findet er nicht.

»Ach«, sagt seine Frau, »wie schade, wir waren doch über fünfzig Jahre zusammen.« »Ach so«, sagt Petrus, »da muss ich noch anderswo nachschauen.« Und er nimmt den Kasten der »Märtyrer«, wo er dann auch wirklich zu finden ist.

Pech gehabt

Der Papst ist seit ein paar Tagen im Himmel und schon hat er die erste Beschwerde an Petrus: »Was ist denn nur hier los? Ich bekomme eine kleine Zelle, in der ich hausen muss und der Rechtsanwalt weiter vorne hat ein Zehn-Zimmer-Penthouse! Irgendetwas muss da falsch gelaufen sein!«

Antwortet Petrus: »Na, das hat schon alles seine Richtigkeit. Päpste haben wir hier oben mehr als genug, aber wir haben nur einen Rechtsanwalt!«

Karger Speiseplan

Ein Mann war so von seiner Vollkommenheit überzeugt, dass man sich über ihn lustig machte und Folgendes erzählte: Eines Tages stirbt er und kommt in den Himmel. Es war gerade Mittagszeit und Petrus bringt ihm zum Essen ein paar Waffeln.

»Zum Abendbrot wird es sicher etwas Besseres geben«, denkt er sich. Doch zum Abendessen bekommt er wieder Waffeln.

»Ich stehe sicherlich noch nicht in der Essensliste«, erklärt er sich das. »Ich werde also bis morgen warten.« Aber zum Frühstück bringt ihm Petrus schon wieder nur Waffeln.

Da kann er sich nicht mehr halten und sagt zu Petrus: »Im Himmel – und so eine eintönige Verpflegung? Wie ist das möglich?« Da antwortet ihm Petrus: »Weißt du, Bruder, für uns zwei lohnt es sich nicht zu kochen.«

Der Pfarrer-Himmel

Petrus führt einen Neuankömmling durch den Himmel. Aus einem Raum dringt ohrenbetäubender Lärm.

»Das ist die Abteilung für die Kapläne«, sagt Petrus entschuldigend. Bei der nächsten Tür sagt Petrus: »Und hier ist die Abteilung für die Pfarrer.«

»Warum ist es hier so mucksmäuschenstill?«

»Weil bis jetzt noch keiner da ist.«

Reinhard Abeln

Ein Zimmer erster Klasse, bitte!

Da starb eines Tages ein reicher Mann; er klopfte recht energisch ans Himmelstor und bat um Einlass. Doch Petrus, der den Pförtnerdienst versah, stellte erst mal ein paar Fragen: Was er wolle und warum er gar so stürmisch geklopft habe?

Der Reiche: »Ich möchte ein Zimmer, natürlich mit schöner Aussicht auf die Erde; ferner täglich meine Lieblingsspeise und jeweils die neueste Tageszeitung!«

Petrus wunderte sich über die Ansprüche des Reichen; doch als dieser immer noch ungeduldig seine Forderungen stellte, führte er ihn in ein Zimmer erster Klasse, ließ ihm sein Leibgericht bringen und auch die neueste Zeitung.

Ehe er sich verabschiedete, drehte er sich noch einmal um und sagte zum Reichen: »In tausend Jahren komme ich wieder!« Sagte es und ließ die Tür ins Schloss fallen.

Nach genau tausend Jahren kehrte Petrus zurück, öffnete die Luke in der Tür des Reichen und hörte den auch schon lauthals brüllen: »Da bist du endlich. Dieser Himmel da ist ja entsetzlich. Diese grässliche Einsamkeit! Diese unerträgliche Einöde…«

Petrus schnitt ihm das Wort ab: »Guter Mann, du irrst dich. Dies ist die Hölle!«

Adalbert Ludwig Balling

Lustiges aus Kindermund

»Deine Religionsnote im Zeugnis gefällt mir aber ganz und gar nicht!«, sagt die Mutter zu Christine.

Das Mädchen nickt. »Mir auch nicht, Mutti. Aber wenigstens haben wir den gleichen Geschmack!«

Silke fragt ihre Großmutter: »Omi, hast du auch Kinder?«

»Ja, deine Mutti ist mein Kind.«

Nach einigen Tagen kommt das Mädchen weinend zur Omi und klagt: »Omi, dein Kind hat mich geschimpft!«

Warst du auch dabei, als man dem Pfarrer die Kirschen gestohlen hat?«, nimmt sich der Vater den Sohn vor.

»Nein, ich war noch nicht groß genug dafür«, erklärt Michael, »aber nächstes Jahr bin ich dabei!«

Steffi: »Papilein, gibst du Steffilein einen Fünf-Euro-Schein?«

Darauf der Vater: »Rede bitte vernünftig mit mir!«

Steffi: »Hey, Alter, rück mal 'nen Schein raus!«

»Wo hast du denn das Fahrrad her?«, erkundigt sich die Mutter bei ihrem Sohn Markus.

»Das war so«, erzählt der Junge, »das Rad stand unverschlossen am Friedhof. Kein Mensch war zu sehen. Da dachte ich, dass der, dem das Rad gehört, gestorben ist. Und dann habe ich das Rad mitgenommen.«

Die Tante prüft Stefans Rechenkünste: »Wenn ich hier vier Birnen habe und ich lege noch drei dazu, wie viel habe ich dann?«

»Das weiß ich nicht«, erwiderte der Kleine. »Ich kann das nur mit Äpfeln.«

»Papa, du sollst mir jetzt nicht mehr bei den Schularbeiten helfen, hat mein Lehrer gesagt.«

»Und warum nicht?«

»Er sagte nur, die rote Tinte wäre schon wieder teurer geworden.«

Der Pfarrer erklärt den Kindern, dass sie sich ihren Namenspatron zum Vorbild nehmen sollten.

»Wer war denn eigentlich mein Namenspatron?«, interessiert sich der kleine Gregor.

»Er war ein großer Papst«, erläutert der Pfarrer.

»Gut«, ist Gregor entschlossen, »dann werde ich auch Papst.«

Der kleine Christoph geht ins medizinische Fachgeschäft. »Ist das Hörgerät für meinen Opa fertig?«, fragt er.

»Noch nicht, mein Junge«, antwortet der Inhaber freundlich. »Braucht es dein Opa denn so dringend?«

»Das nicht«, erwidert der Kleine, »aber meine Oma möchte ihm mal wieder so richtig den Marsch blasen!«

Der Pfarrer hat der kranken Großmutter die Krankenölung gespendet. Am anderen Tag trifft er ihren Enkel und fragt: »Na, Michael, wie geht's denn deiner Oma?«

Darauf der Junge: »Danke, Herr Pfarrer, seit dem Ölwechsel geht's ihr wieder besser!«

Die Familienbibel

Der Pfarrer fragt die Kinder im Religionsunterricht, wer von ihnen zu Hause eine Bibel besitze. Viele melden sich, unter ihnen auch die kleine Sabine.

Der Pfarrer fragt das Mädchen: »Weißt du auch, was die Bibel enthält?«

»O ja, das weiß ich!«, sagt stolz Sabine. »Die Bibel enthält das Foto von der Hochzeit meiner Schwester, das Rezept für Schönheitscreme von meiner Mami und den Garantieschein für die Uhr von meinem Vater!«

Reinhard Abeln

Humor im Alter

Zwei Kerzen

In einer Kirche zündet eine ältere Dame eine Kerze vor dem Bild des Kirchenpatrons an und eine zweite vor einem Bild des Teufels, der auf einem Gemälde des Jüngsten Gerichts zu sehen ist.

Der Pfarrer, der das beobachtet hat, fragt erstaunt die Frau: »Sie zünden auch eine Kerze für den Herrn der Hölle an?«

»Ja, Herr Pfarrer«, erwidert diese, »es ist sicherer, überall Freunde zu haben!«

Gut gelaunt

»Mein Mann nennt mich immer Mausilein, wenn er gut gelaunt ist«, sagt Oma Brunner zu ihrer Nachbarin bei einer Tasse Kaffee.

»Wie bitte?«, antwortet diese ein wenig überrascht. »Ihr seid doch beide schon über siebzig. Ist das nicht ein wenig übertrieben?«

»Da magst du recht haben«, meint Oma Brunner, »er war ja auch vor vierzig Jahren das letzte Mal gut gelaunt!«

Keine Aufregung

»Regen Sie sich nicht auf«, sagt der Arzt zur Patientin, »ich habe Sie genau untersucht. Mit Ihrem Leiden können Sie ohne Weiteres achtzig Jahre alt werden.«

Die Patientin erschrickt und fällt in tiefe Ohnmacht. Der Arzt bringt sie wieder zu sich und meint: »Warum fallen Sie denn um, wenn ich Ihnen sage, dass Sie leicht achtzig Jahre alt werden können?«

»Wissen Sie, Herr Doktor«, antwortet die Patientin, »ich bin doch schon siebenundachtzig!«

Undankbare Kinder

»Kinder sind das Undankbarste, was ich je im Leben erlebt habe«, klagt der alte Vater einem Freund. »Da habe ich nun viele Jahre lang auf alles Mögliche verzichtet, um meiner Tochter ein Medizinstudium zu ermöglichen. Jetzt ist sie Ärztin und ich bin einer ihrer Patienten. Und was macht die dumme Göre? Sie verbietet mir alle Zigarren und jeglichen Alkohol!«

Vertauschte Brillen

Ein altes Ehepaar ruft im Fernsehgeschäft an und bittet darum, gleich einen Techniker zu schicken. Als dieser kommt, empfängt ihn die Frau fröhlich an der Tür und sagt zu ihm:»Es ist alles wieder in Ordnung!«

»Wie kommt denn das?«, fragt dieser zurück.

»Ach«, sagt die Frau »es war gar nichts mit dem Apparat. Mein Mann und ich hatten nur unsere Brillen vertauscht!«

Die schöne Predigt

Ein Kleinstadtpfarrer hat gepredigt, dass jeder sich mit seinem Schicksal abfinden müsse. Neid und Missgunst gegen scheinbar Bessergestellte sei von Übel. Jeder werde nur in seinen ihm eigentümlichen Verhältnissen glücklich, das entspreche seiner Veranlagung und dem göttlichen Willen. Um die natürliche Verschiedenheit der Unterschiede deutlich zu machen, führt er Beispiele an; so gedeihen z. B. manche

Blumen, wie die Rosen, nur in der Sonne, während andere, etwa die Fuchsien, den Schatten bevorzugen ...

An einem der nächsten Tage trifft er ein altes Mütterchen auf der Straße; die redet ihn an: »Grüß Gott, Herr Pfarrer! Das war aber mal eine schöne Predigt am letzten Sonntag!« »Freut mich sehr! Und was hat Ihnen denn am besten darin gefallen?« »Nun, Herr Pfarrer, jetzt weiß ich, warum bisher meine Fuchsien nie recht gedeihen wollten!«

Telefonmasten

Eine alte Dame fährt mit ihrem Wagen die Straße entlang. Da sieht sie, wie ein paar Arbeiter die Telefonmasten besteigen.

»Idioten«, faucht sie, »so schlecht fahre ich nun auch wieder nicht!«

Beim Psychiater

»Was kann ich für Sie tun?«, fragt der Psychiater die ältere Dame, die zu ihm kommt.

»Das weiß ich auch nicht«, antwortet diese. »Meine Verwandten schicken mich, weil ich eine besondere Vorliebe für Kartoffelpuffer habe.«

»Das verstehe ich nicht«, sagt der Arzt. »Kartoffelpuffer sind auch mein Lieblingsgericht.«

»Wunderbar, Herr Doktor«, ruft die Patientin. Da müssen Sie mich unbedingt mal besuchen kommen. Ich habe zu Hause schon zehn große Kisten voll!«

Im Restaurant
Ein älteres schottisches Ehepaar besuchte Edinburgh, ging in ein Speiserestaurant und bestellte ein Schinkenbrötchen und zwei Teller. Da es ein schottisches Restaurant war, wunderte sich der Ober gar nicht und brachte das Gewünschte.

Nach einer Weile sah er, dass die Frau mit gutem Appetit die eine Hälfte des Schinkenbrötchens aß, während die andere unberührt auf dem Teller des Ehemannes lag.

»Schmeckt Ihnen das Schinkenbrötchen nicht?«, fragte der Ober den Ehemann freundlich.

»Ich hoffe doch«, erwiderte dieser. »Es ist nur so, dass meine Frau gerade unsere Zähne benutzt.«

Zärtlichkeit gefragt
Sie sind schon fünfzig Jahre verheiratet und sitzen still nebeneinander in der Bahn. Da steigen zwei Verliebte ein und setzen sich dem alten Paar gegenüber. Zuweilen küsst der junge Mann das Mädchen. Die alte Frau schaut leuchtenden Auges zu.

Plötzlich flüstert sie zu ihrem Gatten: »Das dürftest du auch wieder einmal tun!« Der aber erwidert erschrocken: »Was fällt dir ein, ich kenne die ja gar nicht!«

Reinhard Abeln

»Bitte fester, Herr Pater!«

Frau G. kam immer gerne und regelmäßig zur Frühmesse in die Hauskapelle eines Senioren- und Pflegeheims. Und sie war immer gut gelaunt. Bis ins hohe Alter bewahrte sie sich viel Sinn für Humor.

Als ich sie einmal fragte, wie sie das nur schaffe, trotz ihrer 90 plus Jahre so früh aufzustehen, meinte sie schelmisch: Ach, so schwer sei das gar nicht; man müsse nur wollen, dann klappe es auch. Zum Pennen habe sie den ganzen Tag über Zeit, aber den lieben Gott möchte sie schon am frühen Morgen begrüßen …

Dann kam ihr 100. Geburtstag – und wir feierten gemeinsam die hl. Messe; diesmal mit einer kurzen Ansprache und speziellen Segenswünschen für die Jubilarin. Nach der Messe gab es noch ein Ständchen für das hundertjährige »Geburtstagskind«.

Frau G. strahlte vor Freude und Übermut, und als ich ihr nochmals alles Liebe und Gute wünschte, fragte sie mich, während alle anderen um uns herumstanden: Herr Pater, wollen Sie mich nicht mal in die Arme nehmen?

Ich nickte zustimmend, beugte mich zu ihr hinunter und umarmte sie sehr, sehr vorsichtig – dieses kleine, schier schon gläserne Persönchen. Und alle schmunzelten und freuten sich mit der Jubilarin.

Aber das reichte Frau G. noch nicht. Keck und kreuzfidel schaute sie nochmals zu mir herauf und sagte: Fester, Herr Pater, fester! – Und die Umstehenden bogen sich vor Lachen und klatschten Beifall, als ich Frau G. erneut in die Arme nahm.

Ja, so war sie, die gute Frau G. Knapp 14 Tage später schlief sie ein – und erwachte nicht mehr. Ich denke, fortan ließ sie sich vom lieben Gott höchstpersönlich umarmen …

Adalbert Ludwig Balling

Zeugen der Heiterkeit

**Humorvolle Anekdoten aus
alter und neuer Zeit**

Der Schatz spritziger Histörchen

Theodor Fontane schrieb einmal: »Historischen Anekdoten habe ich noch nie widerstehen können; und ich bin jetzt noch der Meinung, dass sie das Beste aller Historie sind.«

Wen Fontane noch nicht überzeugen konnte, der möge den Geheimrat von Weimar befragen – Johann Wolfgang von Goethe: »Eine Sammlung von Anekdoten und Maximen ist für den Weltmann der größte Schatz, wenn er die ersten an schicklichen Orten ins Gespräch einstreut, der letzten im treffenden Fall sich zu erinnern weiß.«

Der britische Romanautor Graham Greene gibt einen weiteren Ratschlag: Das Leben sei nicht so reich an Komödien; die es gibt, solle man genießen – und sich an schlechten Tagen an ihnen laben. – Statt Komödien könnte man auch Anekdoten/Episoden einfügen. Das griechische Wort *anekdoton* steht für »Nichtherausgegebenes«. Gemeint sind winzige, »Histörchen«, spritzige Bonmots oder Pointen; oft will man damit die Eigenschaften von Prominenten bildhaft erfassen. – Friedrich Nietzsche meinte denn auch: Anhand von drei Anekdötchen sei es schon möglich, das Charakterbild eines Menschen zu geben.

Kurzum, heitere Anekdoten kommen (fast) immer gut an; witzige Erlebnisse werden gerne gehört und gelesen. Wer andere zum Schmunzeln verleitet, wer Sinn hat für Humor und sich selber nicht zu ernst nimmt, wer voller Vertrauen in die Zukunft schaut und willens ist, auch anderen Mut zu machen, gehört zu den Wohltätern der Menschheit.

Adalbert Ludwig Balling

Noch immer aktiv

»Wie kommt es«, fragte man den schwedischen König Gustav V. (1858–1950), »dass Sie trotz Ihres hohen Alters noch immer so aktiv sind?«

Darauf antwortete der König: »Ich lese jeden Morgen die Todesanzeigen in den Zeitungen, und wenn ich meinen Namen nicht darunter finde, mache ich mir weiter keine Sorgen und gehe Tennisspielen.«

Schwerhörig

Mark Twain (1835–1910), der amerikanische Schriftsteller, sprach stets vor dem Essen ein Tischgebet. Eines Tages war ein alter Kapitän bei ihm zu Gast, den er aus seiner Jugendzeit kannte.

Mark Twain begann zu beten, als er vom Kapitän unterbrochen wurde: »Was sagen Sie?«

»Ich spreche das Tischgebet.«

»Wie bitte? Ich verstehe Sie nicht!«

»Das Tischgebet«, gab Twain etwas lauter zur Antwort.

»Sie müssen lauter sprechen!«

»Verdammt noch mal, ich bete!«, brüllte Mark Twain zurück.

Kurzer Prozess

Im Kreise einiger Freunde wurde die Unsterblichkeit der Seele diskutiert. Der alte Benjamin Franklin (1706–1790) wurde auch gefragt, sagte aber nur: »Ich bin alt und praktisch veranlagt. Warum soll ich mir darüber den Kopf zerbrechen? In Kürze werde ich genau wissen, was es damit auf sich hat.«

Preisvergleich

In Castel Gandolfo, der Sommerresidenz des Papstes, ließ sich Johannes Paul II. einen Swimmingpool bauen. Der Arzt hatte ihm aus gesundheitlichen Gründen Schwimmen empfohlen. Die Beamten im Vatikan

fürchteten die Skandalpresse: der Papst in Badeho-
sen! Und überhaupt, die Kosten für solch einen Luxus!
Johannes Paul winkte ab: »Rechnet aus, was ein neues Konklave kostet, und dann vergleicht!«

Teuer bezahlt

Nachdem der Frankenkönig Chlodwig (466–511) über
die Westgoten gesiegt hatte, ging er zum Grab des
heiligen Martin und dankte für seinen Triumph. Dabei
brachte er sein Lieblingspferd als Geschenk dar.

Am nächsten Tag reute es ihn und er versuchte,
sein Pferd zurückzubekommen. Er bot den Mönchen,
die das Grab betreuten, 50 Silbermark an.

Die Mönche gaben ihm aber Bescheid, dass der heilige Martin nicht erlaube, das Pferd zurückzugeben.
Da erhöhte Chlodwig die Summe auf 75 und bekam
das Pferd zurück.

Der König, der erst vor Kurzem getauft worden
war, wunderte sich: »Der heilige Martin dient seinen
Freunden gut, aber er lässt sich den Dienst auch teuer
bezahlen.«

Fragwürdige Begabungen

Der große deutsche Dichter Friedrich Schiller (1759–1805) spielte als junger Mann Harfe. Seinem Zimmernachbarn gefiel diese Musik gar nicht. So bemerkte dieser ihm gegenüber: »Herr Schiller, Sie spielen wie David – nur nicht so gut.« Schiller erwiderte: »Sie sprechen wie Salomo – nur nicht so weise.«

Glück gehabt

Eine vornehme Dame kam zu Papst Pius IX. (reg. 1846–1878) und wollte sich für eine wunderbare Heilung bedanken.

»Heiligkeit, seit Jahren quält mich mein krankes Bein. Nun hatte ich die Gelegenheit, mir einen Ihrer Strümpfe zu verschaffen. Nachdem ich ihn angezogen hatte, bin ich sofort gesund geworden.«

Pius IX. war sehr erheitert: »Da haben Sie großes Glück gehabt, gute Frau. Denn ich ziehe jeden Morgen zwei von meinen Strümpfen an und dennoch kann ich kaum gehen.«

Verwundert

Ein alter Kardinal aus Amerika wurde von Leo XIII. (1810–1903) zu einer Audienz empfangen. Leo war ebenfalls schon alt: 92 Jahre. Er nahm sein Alter aber gelassen und spottete über jegliche diesbezügliche Andeutung. Der Kardinal klagte zum Abschied: »Ach, Heiliger Vater, wir werden uns wohl erst im Himmel wiedersehen.« Der Papst fragte verwundert: »Wieso, haben Sie eine schwere Krankheit?«

Päpstlicher Kommentar

Nach wenigen Tagen im Amt sah sich Johannes XXIII. (1881–1963) auf Fotos im päpstlichen Ornat. Sein Kommentar dazu: »Eigentlich wusste der liebe Gott ja seit 77 Jahren, dass ich einmal Papst werden sollte. Da hätte er mich schon ein wenig eindrucksvoller machen können.«

Ich dachte, es wäre mein Mann

Der französische Außenminister Robert Schuman (1886–1963) wurde einmal gefragt, warum er nicht geheiratet habe. »Vor langer Zeit«, antwortete er, »als ich einmal in der U-Bahn fuhr, trat ich zufällig einer Dame auf den Fuß. Bevor ich mich noch entschuldigen konnte, kreischte sie los: ›Trottel, kannst du denn nicht aufpassen, wo du hintrampelst!‹ Dann sah sie mich an, errötete und rief aus: ›Oh, entschuldigen Sie bitte, mein Herr, ich dachte, es wäre mein Mann!‹«

Ein Arzt genügt

Papst Pius XI. (1857–1939) erkrankte 1936 im Alter von 79 Jahren schwer. Als sein Leibarzt, Professor Milani, einen Kollegen zur Behandlung heranziehen wollte, lehnte der Papst lächelnd ab: »WOZU denn? Ein Arzt genügt doch völlig, um einen Kranken umzubringen.«

Verdauung

»Ich habe unendlich viele Bücher verschlungen«, rühmte sich ein junger Grieche. Worauf der Philosoph Aristippus ihm entgegnete: »Die Gesündesten sind nicht jene, die viel essen, sondern jene, die gut verdauen.«

Engpass

Der protestantische Theologe Friedrich Schleiermacher (1768–1834) liebte es, früh einen Ausritt durch den Berliner Tiergarten zu unternehmen.

Zwei Beamte, die ihm eines Morgens entgegenkamen, spotteten: »Sieh da, ein Gottesmann hoch zu Ross, wogegen Jesus nur auf einem Esel in Jerusalem eingezogen ist.«

Schleiermacher gab darauf zurück: »Solche Bescheidenheit ist heute unmöglich, weil alle Esel im Staatsdienst beschäftigt sind.«

Urknall

Ein Schüler fragte den Reformer Martin Luther (1483–1546), was denn der liebe Gott gemacht hätte, bevor er die Welt erschaffen habe?

Luther wurde wütend und meinte: »Er saß in einem Birkenwald und schnitt Ruten, um jene Leute zu bestrafen, die solch unnütze Fragen stellen.«

Mitgesündigt, mitgebüßt

Im Jahr 1602 gab es einen sehr sauren Wein, der fast nicht zu genießen war.

Etliche Pfarrherren in Württemberg baten deswegen, »dass man ihnen als Seelsorgern, die guten Magenweine vonnöten hätten, einen besseren verabreichen möchte«.

Herzog Friedrich I. schrieb auf die Bittschrift: »Mitgesündigt, mitgebüßt.«

Gottes Geschäft

Ein guter Bekannter fragte den Dichter Heinrich Heine (1797–1856), der auf dem Sterbebett lag: »Hast du denn gar keine Angst vor dem Gericht Gottes? Dein Lebenswandel, dein Freigeist, dein Spott ist nicht gerade dazu angetan, den lieben Gott milde zu stimmen!«

»Gott wird mir vergeben«, gab Heine darauf zur Antwort. »Das ist schließlich sein Geschäft.«

Reinhard Abeln

Beethoven und Goethe in Karlsbad

Als die beiden Prominenten, der Dichter und der Komponist, einmal gemeinsam einen Ausflug in die Umgebung von Karlsbad machten, blieben viele Leute am Straßenrand stehen, winkten den beiden freudig zu und grüßten ehrerbietig. Schließlich wurde Goethe unwillig und sagte zu Beethoven: »Genau genommen ist es ja langweilig, so berühmt zu sein. Sie sehen ja, alle Leute grüßen mich!«

Der Komponist war anderer Meinung: »Eure Exzellenz brauchen sich wirklich nichts daraus zu machen. Vielleicht bin ich es, dem die Leute zuwinken!?« – Und beide lachten aus vollem Herzen.

Über seinen Musikkollegen Johann Sebastian Bach soll Beethoven einmal gesagt haben: »Nicht *Bach*, nein, *Meer* müsste er heißen!«

Roseggers Mutter hatte »a bisserl Angst«

Der österreichische Schriftsteller Peter Rosegger (1843–1918) wurde in Wien geehrt. Dazu hatte man auch seine alte Mutter eingeladen. Nach der Festrede wandte sich der Referent an Roseggers Mutter: »Na, Mutterl, bist net stolz auf dein Buabn? Er ist ja a großer Dichter worden!« Die alte Bäuerin vom Roseggerhof schüttelte den Kopf.

»Warum denn net?«, fragte der Referent. »Die ganze Welt liest seine G'schichten!«

Darauf die Mutter: »Ja, lieber wär's mer halt doch g'wesen, wann der Peter an Advokat oder so was G'scheits worden wär!«

Die Umstehenden fragten entrüstet: »Wieso denn das? Da wäre er doch nicht halb so berühmt wie als Dichter!«

Doch Roseggers Mutter ließ sich nicht einschüchtern: »Ja, schon«, sagte die alte Dame, »i hab bloß immer a bisserl Angst, dass dem Peter halt nix mehr einfällt!«

Schlagfertig mit Shakespeare

Im Theaterstück »König Richard III.« von Shakespeare spricht der Darsteller des buckligen Herrschers, ehe er vom Grafen von Richmond zur Strecke gebracht wird, die schier schon legendär gewordenen Worte: »Ein Pferd, ein Pferd! Mein Königreich – für ein Pferd!«

Als der große englische Charakterspieler Edmund Kean bei einer Aufführung einmal diesen üblen Burschen spielte und, schauspielerisch gekonnt, diese Worte über die Bühnenrampe in den Zuschauerraum schrie, kam von einem Witzbold in der Galerie das Echo zurück: »Mein Herr, könnte es vielleicht auch ein Esel sein?«

Kean war momentan verblüfft, überlegte einen kurzen Moment und rief dann schlagfertig zu dem Rufer empor: »Aber selbstverständlich, mein Herr; bitte, kommen Sie nur herunter!«

Churchill und Lady Astor

Als Lady Astor, Winston Churchills politische Gegnerin, voller Biss und Häme eines Tages den Prime Minister im Unterhaus anschrie: »If I were your wife I would put poison in your coffee!« (Wenn ich Ihre Frau wäre, würde ich Ihnen Gift in den Kaffee schütten!) – da verlangte Churchill keine öffentliche Entschuldigung. Er reichte auch keine Klage ein wegen Verletzung der Menschenwürde, sondern reagierte humorvoll: »And if I were your husband I would drink it!« (Und wenn ich Ihr Gatte wäre, würde ich ihn trinken!)

George Bernard Shaw und der Lord

Der irische Schriftsteller und Satiriker war eines Tages zum Gartenfest des britischen Königs geladen. Unter den Gästen befanden sich viele aus dem Hochadel. Ein von sich sehr eingenommener Lord stellte dem Dichter die Frage: »Sagen Sie, Mister Shaw, Ihr Vater war, soweit ich informiert bin, ein einfacher Dorfschneider, nicht wahr?« – »Stimmt«, nickte der Ire.

Der Lord bohrte boshaft weiter: »Und warum sind Sie nicht auch Schneider geworden?« – Shaw lächelte und stellte eine Gegenfrage: »Und Ihr Vater, my Lord, wenn ich richtig informiert bin, war ein Gentleman, nicht wahr?« – »Aber gewiss«, antwortete der Lord voller Stolz. – Shaw fragte weiter, voller Ironie: »Und warum sind Sie nicht auch ein Gentleman geworden?«

Albert Einsteins alte Kleider

Ihm, dem berühmten Entdecker der Relativitätstheorie, sagte man nach, er habe eine versessene Abneigung gegen alles Neue, vor allem gegen neue Kleider. Das Kaufen von neuen Kleidern war ihm einfach lästig. Als ihn seine Frau einmal drängte, nun doch endlich seinen alten, abgewetzten Anzug durch einen neuen zu ersetzen, sagte er: »Okay, aber nur dieses eine Mal!« Und er fügte sich. Aber erst dann, als sie noch hinzugefügt hatte: »Bitte, vergiss es nicht: Mir gefällst du noch allemal besser, wenn du auch gut gekleidet bist!« – Dieses Argument lasse er gelten, fügte Einstein spöttelnd hinzu – und ging mit seiner Frau zum nächsten Kleidergeschäft. Wieder zu Hause, zog er seine alten Klamotten an ...

Adalbert Ludwig Balling

Heiterer Sinn stärkt das Herz

Humor aus den Missionen

»Unser Pater ist ein großes Schlitzohr«

Als Schwester Brigitte es zum ersten Mal sagte, war sich Father John nicht so recht im Klaren darüber, ob sie es schmunzelnd meinte – oder ob sie es auch ein wenig kritisch verstanden wissen wollte. Später, als er die Missionarin etwas besser kannte, wusste er Bescheid: Wenn Schwester Brigitte, vor allem gegenüber Gästen und Besuchern der Missionsstation, anmerkte: »Unser Pater ist ein großes Schlitzohr«, dann klang da immer auch ein wenig Stolz und Freude mit.

Father John war kein Clown, aber er lachte gerne, erzählte gerne lustige Episoden und verstand auch sonst viel Spaß. Freude und Humor nannte er christliche Tugenden. Als er hochbetagt starb, trauerte die ganze Gemeinde um ihn, aber auch viele Ungetaufte der Region, die man früher »Heiden« nannte, kamen zu seiner Beerdigung. Noch nach Jahrzehnten erinnerten sich viele Afrikaner an diesen Pater mit seinem unverwüstlichen Humor.

Wie überhaupt fast alle Einheimischen südlich der Sahara viel Spaß und Freude ausstrahlen. Das erinnert mich an eine Gemeinde in Ostafrika, die gegenüber ihrem Bischof angab, ihr neuer Pfarrer sei zu ernst; er lache nur selten; daher ihr dringender Wunsch, ihnen einen »fröhlichen Pater« zu schicken ...

Schon Goethe brachte dieses Thema auf den Punkt, als er schrieb: »Ich liebe mir den heitern Mann am meisten unter meinen Gästen: Wer sich nicht selbst zum Besten haben kann, der ist gewiss nicht von den Besten.«

Und Philipp Neri, ein Schalk unter den Heiligen, war der Meinung: »Heiterer Sinn stärkt das Herz und macht beharrlich im guten Wandel; deshalb soll der Diener Gottes immer wohlgemut sein!«

Das Evangelium ist eben auch ein Stück Froh- und Freudenbotschaft, und wo Freude vorherrscht, wo Humor zumindest gelegentlich auch den Ton angibt, wo heitere Lebenserfahrung gerne weiterzählt wird – da macht das Leben Spaß, da fällt auch der Glaube leichter.

So gesehen, ist der Wunsch zu verstehen, dass auch weiterhin von diesem oder jenem Missionar schmunzelnd gesagt werde, er sei ein »großes Schlitzohr«; ein Original des Schöpfers; ein guter Mensch; von Leid und Schmerz zwar geprägt, aber doch voller Leben, Vitalität, Mut und Zuversicht – und immer auch mit einem Schmunzeln in den Augen, ein Zeichen mehr, dass er Sinn für Humor hat und sich selber eben nicht zu ernst nimmt.

Adalbert Ludwig Balling

Es war sooo schön, Schwester!

Schwester Barbara ist aufgebracht. Mit Recht. Wieder haben ihr die schwarzen Buben in der Volksschule einen Streich gespielt. Sie weiß, sich ärgern hilft nicht weiter. Aber hin und wieder muss man sich Luft machen. Irgendwie. Also beginnt sie zu schimpfen und sie tut es in ihrer Muttersprache – auf Schwäbisch! Die kleinen Schulbuben verstehen natürlich kein Wort. Aber die »Predigt« der Schwester scheint ihre Wirkung nicht zu verfehlen, faszinierende Stille im Klassenzimmer. Die Kleinen hängen an ihren Lippen. Nach ein paar Minuten ist alles vorbei. – Das hat toll gewirkt, denkt Schwester Barbara beinahe vergnügt – bis sich der siebenjährige Elima meldet. – »Ja. Elima, was willst du sagen?« – »Bitte, Sista, mach's nochmal, es war sooo schön!«

Die frechen Melonendiebe

Ein afrikanischer Farmer stellte eines Tages verärgert fest, dass man von seinen Feldern immer wieder Wassermelonen klaut. Die Diebe kamen vor allem nachts. Da überlegt der Farmer, wie er den Dieben Einhalt gebieten könne, und kommt auf folgende Idee: Er nimmt einen Pappdeckel und schreibt drauf: »Vorsicht, ich habe eine Melone vergiftet!« Dann nagelt er ihn an einen benachbarten Baum. Am nächsten Morgen fehlen erneut ein paar Dutzend Melonen. Die frechen Diebe, ebenfalls Afrikaner, hatten des Bauern Pappdeckel umgedreht und dazugeschrieben: »Guten Appetit, Bauer! Wir haben weitere fünf Melonen vergiftet!«

Ein Hunderter für Schwester Christiane
Die Ordensschwester, seit vielen Jahren Missionarin im Erzbistum Lusaka (Hauptstadt von Sambia, südliches Zentralafrika), sammelt während ihres Heimaturlaubs für ihr Buschkrankenhaus. Ein wohl betuchter Mann, Kavalier alter Schule, zückt seine Brieftasche und zeigt der Nonne einen Hundert-Euroschein: »Den kriegen Sie, Schwester, wenn Sie mich, sollte ich zufällig mal in ihr Hospital kommen, dann bevorzugt behandeln!« – Schwester Christiane greift rasch zu und steckt den Hunderter schnell weg; dann sagt sie schelmisch: »Wissen Sie, ich arbeite auf der Entbindungsstation für afrikanische Mütter!«

Wie vor einer alten Reliquie

Die Priorin eines italienischen Klosters durfte nach altem Ordensrecht Ring und Brustkreuz tragen – auch ohne besondere Weihe. – An bestimmten Festen küssten die Nonnen den Ring der Oberin. Der Klostergeistliche, ein ehemaliger Chinamissionar, hielt nicht viel von diesem Brauch. Trotz wiederholtem Bemühen brachte ihn die Priorin nicht dazu, ihren Ring zu küssen. Da schrieb sie an die Religiosenkongregation in Rom, erläuterte ihr Anliegen und bat die kirchliche Behörde, ihren Pater zurechtzuweisen. – Die Antwort des Vatikan ließ lange auf sich warten; sie war kurz gefasst: Der Pater sei nicht verpflichtet, den Ring der Oberin zu küssen, aber – ein Gegenvorschlag wäre, wenn er vor der Priorin eine kleine Verbeugung mache – wie man dies früher vor einer alten Reliquie gemacht hat.

Da hilft kein Beten!

Im Anschluss an die jährliche Fronleichnamsprozession führte Pater Sebastian eine Flursegnung ein. Die Gläubigen zogen gemeinsam, betend und singend, über die Feldwege und Weidegründe. Jedes Jahr kamen sie auch am Acker des alten Wastl vorbei: Er war stets guter Dinge, aber die Leute hielten ihn für arbeitsscheu – und doch mochten ihn alle. – Als Wastl die Wallfahrer kommen sah, kniete er nieder und bettelte beim Pater um einen Extrasegen für sein Feld. Doch Pater Sebastian schüttelte den Kopf und sagte: »Ach, Wastl, glaub es mir, da hilft kein Beten; da musst du Stallmist unterackern!«

Etwas für Lateiner

Bruder Stanislaus hatte ein paar Jahre Gymnasium gemacht, ehe er sich entschloss, das Studium aufzugeben und den Beruf des Schneiders zu erlernen. Nach der Lehre schloss er sich einer Missionsgemeinschaft an. Zeitlebens bewahrte er sich eine gewisse Vorliebe zum Kirchenlatein. So witzelte er gerne über das Verhalten mancher seiner Mitbrüder nach dem Aufstehen: Wenn sie es nicht besonders eilig haben, dann machen sie LAVABO (sie waschen sich); wenn sie knapp an der Zeit sind, bitten sie einen Mitbruder: ASPERGES ME! (Besprenge mich – mit Wasser!) Und wenn sie schon viel zu spät dran sind, dann murmeln sie nur noch: VIDI AQUAM (Ich hab's Wasser gesehen!).

Gürtel enger schnallen

Ein Telegramm aus Äthiopien an den Pfarrgemeinderat einer bayerischen Kleinstadt: »Große Hungersnot. Schickt Weizen sobald wie möglich! – Der Vorsitzende des Pfarrgemeinderats antwortet, ebenfalls knapp und präzise: »Können keinen Weizen schicken. Müsst Gürtel enger schnallen!« – Rückantwort aus Äthiopien: »Schickt Gürtel!«

Haushälterin gesucht

Nach über 30 Jahren in der Westafrikamission kehrte Pater Friedrich in seine Südtiroler Heimat zurück. In einer kleinen Dorfpfarre betreut er jetzt ein paar Hundert Seelen. Als seine Haushälterin starb, fuhr er zum Bischof und bat ihn, ihm eine neue zur Verfügung zu stellen. – Der Bischof beguckte sich den alten Afrikahasen von oben bis unten und meinte dann: »Ich hätte schon eine Frau für Sie, Herr Pater, aber sie ist das, was man im Volksmund einen Drachen nennt!« – Da winkte Pater Friedrich schmunzelnd und sagte: »Macht nichts, Exzellenz, ich bin ja Pfarrer von Sankt Georg (dem Drachentöter)!«

Streitbare Eheleute

Pater Waldemar betreute einen kleinen Marienwallfahrtsort in Bayern, nachdem er zuvor viele Jahre im südlichen Afrika verbracht hatte. Viele junge Paare ließen sich von ihm trauen; seine originellen Predigten waren bekannt, und wer immer zum Heiligen Berg hinaufstieg, wollte ein wenig mit ihm plaudern. Eines Tages kam ein älteres Ehepaar; ihr Anliegen, der Pater möge ihnen einen Weg weisen, wie sie, die oft miteinander im Streit lagen, künftig besser und harmonischer leben könnten. – »Well«, sagte Pater Waldemar, »betrachtet halt die friedlichen Tiere auf eurem Hof; die kommen doch auch miteinander aus; sogar Katze und Hund ...« – Da winkte der Mann schelmisch ab: »Wissen's, Herr Pater, das ist ja alles recht und schön; aber binden Sie die Tiere mal fest aneinander, dann werden Sie schnell sehen, was dabei herauskommt!«

Bibel-schlagfertiger Bischof

Ein Missionsbischof besucht das Priesterseminar; er tut es zweimal im Jahr. Während eines solchen Besuches der jungen Theologen versucht der Bischof, das theologische Wissen seiner Seminaristen zu testen. Es geht ganz gemütlich zu, aber der Bischof merkt nicht, dass während ihrer Unterhaltung die Gläser trocken werden. Da schreibt einer der Jungtheologen etwas auf einen Zettel und schiebt ihn unauffällig dem Bischof zu. Darauf stand ein Bibelzitat: »Herr, sie haben keinen Wein mehr!« – Der Bischof schmunzelt, holt seinen Kuli hervor und kritzelt auf die Kehrseite des Zettels: »Geht und füllt die Krüge mit Wasser!«

Jona und der Walfisch

Schwester Blandina erzählt den brasilianischen Kindern im Religionsunterricht die Geschichte von Jona und dem Walfisch. Die Klasse hört gut zu. Die Schwester will die Wirkung ein wenig nachgenießen und fragt deshalb, ob sich jemand ein noch größeres und herrlicheres Wunder vorstellen könne. – Da meldet sich der kleine Alberto: »Jawohl, Schwester, zum Beispiel, wenn es umgekehrt gewesen wäre – wenn Jona den Wal verschluckt hätte!«

Schwester Paulines Nichte

Die kleine Claudia sagt zu ihrer Tante Pauline, die in Indonesien als Missionarin tätig ist, aber jetzt zu Besuch ist in Oberbayern: »Tante, kannst du aber froh sein, dass sich der heilige Paulus noch rechtzeitig bekehrt hat!« – Die Schwester, leicht verdutzt: »Warum denn, Claudia?« – Die Kleine, selbstsicher und mutig: »Weil du sonst heute nicht Pauline, sondern Sauline heißen würdest!«

In Ostafrika

Auf einer Safari in Kenia erreicht eine deutsche Touristengruppe einen Fluss. Der schwarze Guide macht auf die Tiere des Wassers aufmerksam. Als er zu den Krokodilen kommt, sagt er: »Diese Ungeheuer sind gar nicht geheuer; passen Sie gut auf und gehen Sie bitte nicht zu nah ran. Ein Krokodil verschlingt pro Mahlzeit einen ganzen Ochsen!« – Da ruft die in Angst geratene Frau Müller ihrem nicht weniger beleibten Mann zu: »Geh nicht zu nah ran, Julius!«

Billige Trostworte

Schwester Ontaria verabschiedet sich vom Personal des Missionskrankenhauses; sie ist 75 geworden und nicht mehr gesund. Viele Angestellte weinen. Die Missionarin versucht, sie zu trösten: »Sie werden bald sehen, meine Nachfolgerin wird es noch besser machen als ich!« – Da meldet sich der grauhaarige Tschitschi, der über Jahrzehnte Hausmeisterdienste am Hospital versehen hatte: »Das ist nicht sicher, Sista Ontaria, womit Sie uns beruhigen wollen; als Ihre Vorgängerin uns verlassen hat, hat sie das auch gesagt!«

Die Neue aus Australien

In Lae, Papua Neuguinea, war eine neue Missionshelferin angemeldet; sie kam aus dem benachbarten Australien und verpflichtete sich, ein paar Jahre als Lehrerin an einer Volksschule zu unterrichten, die von katholischen Missionaren aus den Niederlanden geführt wurde.

Pater Anton holte sie am Flughafen ab. Ehe er sie Bischof Henry vorstellte, zeigte er der jungen Dame das Gästezimmer, damit sie sich erst etwas frisch machen könne. Der Bischof, ein Kursgenosse Pater Antons, fragte neugierig, mit einem schelmischen Zwinkern: »Wie sieht sie denn aus, die Neue? Ist sie hübsch?« –

Da nahm Pater Anton ein Stück Papier, malte eine ziemlich runde Figur drauf und übergab das Blatt Bischof Henry. Der schmunzelte, schüttelte ein paar Mal den Kopf und sagte schließlich: »Aber Anton, du übertreibst maßlos! So dick wird sie sicher nicht sein!« Pater Anton beharrte darauf: »Zwei Zentner, schätze ich; eher etwas mehr. Ich wette eine Flasche Wein!«

Später, nachdem die Neue sich bei Bischof Henry vorgestellt hatte und sich die beiden Holländer wieder begegneten, fiel kein Wort. Bischof Henry hob nur seine Rechte und streckte zwei Finger nach oben; Pater Anton begriff und winkte freudig zurück: Er hatte die Wette gewonnen; zwei Flaschen Wein wollte der Bischof spenden.

Hose gestohlen!

Helle Aufregung auf der Missionsstation im kongolesischen Urwald. Pater Bernwards Hose war von der Wäscheleine verschwunden. Alles Suchen nach dem Dieb blieb umsonst. – Ein paar Wochen später fragte ihn sein Nachbar, Pater Heribert, ob er seine Hose wiederbekommen habe. – »Nein«, antwortete der, »nur kleine Teile davon! Letzten Sonntag fanden wir drei Hosenknöpfe im Klingelbeutel!«

Regenmacher in London

Ein afrikanischer Medizinmann und Regenmacher seines Stammes kommt zum ersten Mal nach London. Er ist rundum fasziniert. Fünf Wochen später und wieder zu Hause, fragt man ihn nach seinen Eindrücken in Europa. Seine Antwort: »Also, die haben da in London verdammt gute Regenmacher! Stellt euch vor – da treten 22 bunt gekleidete junge Männer auf einer großen Wiese an, rennen hinter einem Ball her und, ihr werdet es kaum glauben, zehn Minuten später fängt es an zu regnen!«

Leider keine Kamellen

Pater Ferdinand, Missionar in Bolivien, hat Besuch von zu Hause, aus Köln. Seine Schwester ist gekommen – mit ihrem siebenjährigen Jungen namens Mike. Bei der großen Prozession an Fronleichnam in einem entlegenen Dorf im Hochland sind die Gäste dabei. Anschließend gefragt, wie ihm der bunte Umzug gefallen habe, antwortet Mike, noch ganz angetan vom letzten Karneval am Rhein: »Janz jut, nur die Kamelle hamse nit gworfe!«

Gelobt sei das Land ...

Father Tom Kennedy aus Irland wird bei seiner Ankunft in Bombay (Mumbai) das Handgepäck geklaut. Später wird seine Reisetasche wiedergefunden: Außer ein paar bunten Kulis war schier noch alles da; nur sein Rasierer fehlte noch und das Brevier. – Der indische Geistliche, der ihn am Flughafen abholte, wollte sofort die Polizei benachrichtigen, doch Father Tom lehnte ab: »Um Himmels willen, tun Sie das bitte nicht! Gelobt sei das Land, in dem man noch Gebetbücher stiehlt!«

Vom Blitz getroffen

Die aus dürren Gräsern, Reisig und feuchtem Lehm errichtete Buschkapelle wurde vom Blitz getroffen; sie brannte völlig ab, bis aufs Fundament. Pater Ulrich, seit 25 Jahren im nördlichen Botswana (südliches Afrika, am Rande der Kalahari), war sehr traurig, raffte sich aber bald wieder auf und ging von Kral zu Kral, um für den Wiederaufbau der kleinen Kapelle zu sammeln. Als er zur Hütte des greisen Madiwasa kam, lehnte der energisch ab, etwas zu spenden. Seine Begründung: »Weißt du, Baba, ich gebe nix für einen Chef, der sein eigenes Haus anzündet!«

Höllische Unterhosen

Pater Andre wirkt seit vielen Jahren unter Indianern, Cowboys, Holzfällern und Fallenstellern im Westen Kanadas. Fast lauter harte Burschen, eigentlich alle Naturburschen. In seinen Predigten nimmt der Pater kein Blatt vor den Mund. Einmal brachte er einen Büschel Grünzeug mit auf die Kanzel und fragte die Leute, ob sie wüssten, was er da in Händen halte? – »Brennnesseln!«, schrien gleich mehrere Zuhörer. Dann kam Pater Andre so richtig in Fahrt: »Okay, es sind wirklich Brennnesseln und, glaubt es mir, aus diesem Zeug sind in der Hölle die Unterhosen gemacht!«

Häuptling Tschitschi war ständig in Geldnot

Wenn Tschitschi, der alte Häuptling am Embakwefluss, in Geldnot war – und wann war er das nicht? –, ging er zu Pater Ludwig auf die Missionsstation. Manchmal schaffte er es, den Missionar zu überreden, ihm etwas zu leihen.

So hatte er eines Sonntags wieder fünf Pfund bekommen. Er solle sie spätestens nach der Regenzeit zurückbringen, hatte ihm der Pater gesagt. Die Regenzeit kam – und hörte wieder auf, aber Tschitschi blieb aus.

Da fuhr Pater Ludwig eines Tages ins Kraldorf hinaus, um ihn daran zu erinnern, dass er endlich das Geld zurückzahlen müsse: »Hör mal, alter Freund, du weißt, ich habe dir fünf Pfund geliehen. Und du hast versprochen, sie mir spätestens nach der Regenzeit zurückzugeben. Wie steht's damit?«

»Ach, Baba«, meinte der Häuptling verschmitzt, »sei doch mal ganz ehrlich! War das in diesem Jahr überhaupt eine Regenzeit – oder war es keine?«

Die Sache mit dem toten Esel

Bruder Henry – ein Ire von Geburt – erlebte 1983 ein schreckliches Dürrejahr in Embakwe, wo seit 1930 Mariannhiller Missionare tätig waren. Die Landschaft rund um die Station glich einer großen Wüste.

Da passierte es denn auch immer häufiger, dass Ziegen der benachbarten Kraldörfer durch die Zäune schlüpften und auf der Missionsstation, die zum Glück einen guten Brunnen hatte, alles abfraßen, auch die wenigen verbliebenen Blumen vor der Kirche. Einmal schnappten sie sogar nach den Blumen auf dem Hochaltar.

Die Sorgen des Bruder Henry wurden aber noch größer, als eines Tages ein toter Esel auf der Station lag. Niemand – auch nach langem Herumfragen – schien zu wissen, wem der Esel gehörte.

Da rief der Bruder die Polizei im benachbarten Plumtree an und informierte den schwarzen Wachtmeister über das tote Tier. Seine lakonische Antwort: »Aber Bruder Henry, für Begräbnisse sind nicht wir von der Polizei zuständig, sondern noch allemal die Geistlichen, nicht wahr?!«

Bruder Henry konterte schlagfertig: »Aber ganz klar, Herr Wachtmeister, wir informieren nur vorher immer zuerst die Verwandten!«

Adalbert Ludwig Balling

Später Anruf

Im Busch, auf einer Missionsstation. Am späten Abend bekommt einer der dort beschäftigten Ärzte noch einen Anruf. »Komm doch ein bisschen rüber«, ruft ein Pater, »es fehlt uns beim Skat noch der dritte Mann.«

Der Arzt lässt sich das nicht zweimal sagen. »Entschuldige«, sagt er zu seiner Frau, »ich muss nochmals fort, ich werde gebraucht.«

»Muss das denn wirklich sein?«, erwidert die Frau. »Ja, ein schwieriger Fall, zwei Geistliche sind schon da.«

Reliquien

Der Obere eines Missionsordens verabschiedet eine Gruppe junger Missionare, die im Urwald mit einem Stamm Kontakte knüpfen sollen, bei dem man Kannibalismus vermutet: »Und eines solltet ihr auf jeden Fall nicht vergessen«, ermahnte der General die Patres. »Macht keine voreiligen Unternehmungen! Ich will im Orden keine Märtyrer haben, von denen keine sterblichen Überreste zurückbleiben.«

Große Dürre

Bruder Johannes schwenkt einen Brief und berichtet seinen Mitbrüdern: »Unser Bruder Michael hat aus Afrika geschrieben, dass in der Missionsstation große Dürre herrscht.«

»Das schreibt er doch jedes Mal«, wiegelt Bruder Dominikus ab.

»Ja, schon«, entgegnet Bruder Johannes, »aber diesmal hat er die Briefmarke mit einer Reißzwecke festgemacht.«

Polygamie

Bei einer Diskussion zwischen Missionaren wurde die Polygamie, die in Afrika in vielen Stämmen noch üblich ist, erörtert. Ein Missionar forderte: »Wir müssen sie lehren, die Freuden des Himmels den Freuden der Erde vorzuziehen.«

»Lieber Kollege«, fiel ihm Albert Schweitzer ins Wort, »woher wollen Sie wissen, dass mehrere Ehefrauen eine Freude sind?«

Inkognito

Ein (vermutlich katholischer) Tourist kommt auf eine einsame Missionsstation im brasilianischen Urwald, welche gleichzeitig auch Residenz des Bischofs für die Amazonasregion ist.

Auf der Station trifft er zunächst niemanden an. Er geht über das ganze Gelände, anschließend in das Haupthaus, in das Gästehaus – niemand zu sehen. Schließlich geht er noch in die Werkstatt und findet dort einen Mann, der unter einem Jeep liegt und diesen repariert.

»Guten Tag, Señor, können Sie mir sagen, wo ich den Bischof finde?«

Darauf der Mann unter dem Jeep: »Der Bischof bin ich; aber wenn Sie meinen Ring küssen wollen: der liegt auf der Fensterbank.«

Unterschätzt

Ein Afrikamissionar besucht die Kranken in einem Dorf. In einer Hütte findet er einen jungen Schwarzen, der im Fieber liegt. Er untersucht ihn, gibt ihm eine Tablette und sagt zu ihm:

»Du keine Angst haben, du bald wieder gesund und arbeiten wie Elefant.«

»Das sein feine Sache«, sagt der Schwarze. »Dann ich kann fahren nächste Woche wieder zu Sorbonne und können halten feine Vorlesung über Sozialpsychologie ...«

Reinhard Abeln

Jedem Tierchen sein Pläsierchen

Tierisch-Heiteres zum Schmunzeln

Wenn Tiere sprechen ...

Was man Menschen nur ungern in den Mund legt, lässt man Tiere sagen: Witziges, Humorvolles, Kritisches. Fast überall in (Schwarz)Afrika tut man dies seit Jahrhunderten:

Will man dem Häuptling die Meinung sagen, lässt man den Rüssel tragenden Elefanten es in alle Welt posaunen.

Hat der Nachbar ein paar Melonen geklaut, wird er es von einem gesprächigen Pavian erfahren, dass man ihn heimlich beobachtet hat.

Sind die Lehrerskinder besonders frech gegenüber den anderen Schülern und Schülerinnen, dann plappert es eine alte Ziege überall aus.

Kurzum, man betreibt ein Versteckspiel, humorvoll und hinterlistig, aber nicht brutal und beleidigend, sondern so, dass alle, die es hören, nicht nur schmunzeln, sondern auch ihre helle Freude daran haben, wie geschickt es den einzelnen Stammesgliedern untergejubelt wird.

Lassen wir im Folgenden die Tiere selber sprechen, und wenn nicht, dann sollen die Menschen, die gemeint sein könnten, wenigstens die Chance haben, ihre eigene Meinung über Tiere zu sagen.

Adalbert Ludwig Balling

Aphorismen und Mini-Märchen

»Wenn ich erwachsen bin«, sagte das Kälbchen zur Kuh, »dann bin ich aber kein Kalb mehr!« – »Nein, dann bist du ein Ochse!«

Es gibt Ziegen, die meckern, wenn sie hungrig sind; es gibt andere, die meckern, weil man sie nicht ernst nimmt; und es gibt wieder andere Ziegen, die meckern immer, auch wenn es gar nichts zu meckern gibt.

»Ich möchte auch so schön singen können wie die Nachtigall«, sagte das Spatzenbaby. – »Wirst du alles noch lernen«, antwortete die Spätzin, »nur weiß ich nicht, ob dein Vater dir genügend musikalisches Talent vererbt hat.«

»Alle Gänse sind dumm«, sagte der Fuchs zu seinen Kindern. – »Aber Papi, warum ist es dann so schwer, eine Gans zu stehlen?« – »Weil die Natur schon immer die Dummen bevorzugt!«

»Ich habe blaues Blut in meinen Adern«, sagte der junge Maulesel; »mein Vater war ein Pferd!« – »Mag sein«, knurrte die Eselin mürrisch, »aber deine Mutter war meinesgleichen; sie hatte sich in einen klapprigen alten Gaul verguckt.«

»Dein Hals ist viel zu lang«, schrie die Hyäne die Giraffe an. –»Macht nichts«, schmunzelte die Giraffe zufrieden, deutete nach oben und fügte hinzu: »Hauptsache, da oben stimmt's!«

»Bist du auch für die Pille?«, fragte die Wildente die Eule. – »Nein, um Himmels willen, ich brauche keine Pillen; ich schlafe auch ohne Tabletten sehr gut und lang!«

»Du bist ein Schwein«, sagte die Ziege zur Sau, »du müsstest mal unter die Dusche.« – »Und du bist eine dumme Ziege«, antwortete das Schwein, »du meckerst, ehe du denkst.«
(Wo man sich gegenseitig Tiernamen gibt, fehlt es an der Liebe.)

»Du bist dumm«, sagte das Pferd zum Esel. – »Weiß ich«, antwortete dieser, »aber ich kenne andere Tiere, die sind auch doof, wissen es aber nicht!«

»Alle Vögel sind schön«, sagte der Vogel Strauß, »aber der größte bin ich.« – »Stimmt«, rief der Adler, »aber du bist trotz deiner Größe ein einsames Landtier. Von den Freuden der Fliegerei hast du keine Ahnung.«

»Eines Tages wird auch dir das Sehen und Hören vergehen«, sagte der Pavian zum Leoparden. – »Das wirst du nicht mehr erleben, garstiger Geselle du«, erwiderte der Leopard mit fletschendem Gebiss, machte einen mächtigen Sprung und erwischte den Affen am Fell. – »Ich weiß«, rief der Pavian, »du bist der Stärkere von uns beiden«, und bereitete sich auch schon auf sein letztes Stündlein vor. – Das Wissen darüber, dass auch Leoparden sterben müssen, machte es ihm leichter, dem Tod entgegenzusehen.

»Ich bin für den Winter eingedeckt«, sagte der Hamster. »Ich habe Korn in Fülle, mein Bau ist gepolstert und meine Kinderchen haben bereits ein dickes Fell. Wer könnte sich einen besseren Familienvater vorstellen?« – »Ich«, flüsterte der Siebenschläfer, »ich und die Meinen gönnen sich mehr Schlaf!«

»Kikeriki«, schrie der Gockel, schlug viermal mit den Flügeln und krähte abermals: »Kikeriki!« – Des Nachbarn Gockel antwortete; dann nahmen beide auf dem Misthaufen Platz und riefen ihre Hennen zum Morgenapell. Als die Bauern über den Hof zum Viehstall gingen, hatten die Hühner bereits ihr Tagessoll vereinbart: Ein Ei pro Henne! – Die Aufgabe der Hähne war es, der Reihe nach, die Hennen zu beglücken; sie hielten es für nobler, als Eier zu legen.

»Mir fehlt nichts«, sagte der Braunbär zum Imker, »wenn du mir täglich ein halbes Pfund Honig schenkst ...«

»Wenn ich dein Fell hätte«, sagte der Eber zum Silberfuchs, »würde ich nicht mehr arbeiten.« – »Und wovon würdest du leben?« – »Vom Handel«, antwortete der Eber, »ich würde jedes Haar einzeln verkaufen.« – »An wen?«, fragte der Fuchs. – »An Silberschmiede, natürlich!«

»Die Menschen sind böse«, sagte der Rabe zu sich selber, »sie halten dich schon für einen düsteren Gesellen – nur weil dein Kleid schwarz ist.«

Es waren einmal eine Kirchenmaus und drei Katzen. Woher sie die vielen grauen Haare habe, fragte der Kater das Kirchenmäuschen. – Diese zitterte am ganzen Körper, ehe sie antwortete: »Die wuchsen mir während einer einzigen schlaflosen Nacht.« – »Und warum schliefst du nicht in jener Nacht?« – »Weil du und drei deiner Kolleginnen vor der Kirchentür Wache schoben.« – »Sag mal, liebe Maus, warum fürchtet ihr Mäuse euch überhaupt ständig vor Katzen, die zur Kirche gehen?« – »Weil«, murmelte die Kirchenmaus, »weil mein Mann und meine fünf Kinderchen letztes Jahr von einer Katze, die auch zur Kirche ging, gefressen wurden!« – »Aber Dummerchen«, sagte der Kater, »wie kannst du nur so böse von uns Katzen denken! Schau mich an, ich tu dir nichts. Ich bringe dich nur unseren Kleinen. Die spielen so gerne mit Mäusen – ehe sie sie verzehren.«

Es war einmal eine hungrige Ziege, die von einer wunderschönen roten Rose ein paar frische Blüten abriss, sie gierig kaute und dann wieder ausspuckte: »Du schmeckst überhaupt nicht nach Gras«, meckerte sie enttäuscht. – »Stimmt«, antwortete die Rose, »wenn ich nach Gras schmeckte, dann fräßen mich die Ziegen völlig kahl. Ich aber ziehe es vor, schön zu sein und zu duften!«

Es war einmal ein Eisbär, der lebte nicht in Sibirien, sondern in einem Zoo, wo er von vielen Menschen begafft wurde. – Eines Tages kam ein kleiner Junge und sagte zu ihm:»Eisbär, hör mal gut zu. Ich schenke dir deine Freiheit wieder und du gibst mir dafür – nach deinem Tod – deinen warmen Pelz.« – Erwiderte der Eisbär:»Das mit der Freiheit ist keine schlechte Idee, aber nach so vielen Jahren Zoo traue ich mich nicht mehr, nach Sibirien zurückzukehren. Wer weiß, ob es dort heute noch Eisbären gibt!?«

Es war einmal ein Mäuschen, das trug eine weiße Halskrause. Es wurde so lange darum beneidet, bis sein ganzes Fell ergraute. – Neider nagen vor allem am Selbstbewusstsein der andern!

Es war einmal ein Schäfchen, das hatte sich in ein Kätzchen verliebt. Später kam ein Kater des Weges – und das Kätzchen folgte diesem. Das Schäfchen blieb traurig zurück; seitdem hat es Angst, sich in andere Katzen zu verlieben.

Es war einmal eine Henne, die legte pro Tag ein Ei – inklusive Samstage wie Sonn- und Feiertage. Als der Bauer von ihr verlangte, täglich zwei Eier zu legen, gründeten die Hennen eine Gewerkschaft und beschlossen, künftig nur noch an fünf Wochentagen ein Ei zu legen.

Das ging lange gut, bis eine junge streitbare »rote Henne« vorschlug, nur noch mittwochs je ein Ei zu legen. Es wurde heftig hin- und herdiskutiert; die älteren Hennen waren dagegen: Das dürfe man den Bauern und Hühnerhaltern nicht antun; schließlich erhielten sie von ihnen auch sehr regelmäßig ihr Futter. Täglich! Als abgestimmt wurde, siegten die jungen Wilden. Daraufhin verkündete die Vorsitzende: »Also, so ist's beschlossen: Nur noch mittwochs ein Ei!« – Viele klatschten; einige schüttelten ihre Köpfe, vor allem die Älteren. Nach längerem anhaltendem Gemurmel meldete sich die jüngste von den anwesenden Hennen: »*Entschuldigen Sie bitte, Frau Vorsitzende, meinen Sie jeden Mittwoch?*«

Adalbert Ludwig Balling

Die Elster und der Rabe

Eine Elster flog in den Zweigen eines Baumes umher und schwatzte unaufhörlich. Ein Rabe saß nachdenklich auf einem Ast und hörte zu. Endlich fragte die Elster: »Warum bist du so nachdenklich, mein Freund? Glaubst du vielleicht nicht, was ich erzähle?«

»Nicht alles«, erwiderte der Rabe. »Wer so viel schwatzt wie du, wird immer etwas dazulügen.«

Russische Fabel

Der Strauß und die Dohle

Ein Strauß und eine Dohle gerieten einmal in Streit, wer von ihnen der bessere Vogel sei.

»Du bist gar kein richtiger Vogel«, krächzte die Dohle und hüpfte aufgeregt umher. »Du hast zwar Federn, aber kannst nicht einmal fliegen!«

»Du lächerlicher Hüpfer«, gab der Strauß zurück, »du willst ein richtiger Vogel sein? Du kannst kaum auf deinen Füßen stehn. Sollen wir um die Wette laufen?«

Die beiden stritten hin und her. Dann vereinbarten sie, der Ente den Richterspruch zu überlassen. Und die Ente sprach: »Ihr seid doch beide jämmerliche Gestalten. Ein richtiger Vogel – muss schwimmen können!«

Alte Fabel

Am Weidezaun

Am Weidezaun eines Klosterguts hängt ein Schild: »Bitte das Pferd nicht füttern – der Besitzer!« Darunter klebt ein Zettel: »Bitte das Schild nicht beachten – das Pferd!«

Leiden

Ein Regenwurm kriecht spazieren. Mitten auf dem Feld trifft er einen Tausendfüßler.

»Na, wie geht es denn?«, fragt der Regenwurm.

Der Tausendfüßler jammert. »Ach, mir geht es so schlecht, meine Füße wollen nicht mehr so recht.«

Und mit einem Blick auf den Regenwurm fügt er hinzu: »Du hast es besser, du hast keine Füße.«

Da fängt der Regenwurm zu stöhnen an und erwidert: »Wenn du meine Bandscheiben-Schäden hättest, würdest du anders reden!«

Tierische Wünsche

Ein Kater steht an der Himmelspforte und sagt zu Petrus: »Lass mich ein und setze mich auf eine schöne Wolke mit Ausblick. Das ist mein größter Wunsch.«

Petrus erfüllt diesen Wunsch. Wenige Tage später kommen 5 Mäuse und klopfen an der Himmelspforte und sagen: »Lass uns ein! Wir haben auch einen Wunsch. Wir möchten hier oben im Himmel Rollschuh laufen.«

Petrus antwortet: »Weil ihr zu Erdzeiten immer so brav gewesen seid, erfülle ich euch diesen Wunsch.«

Am nächsten Tag läuft der Kater zu Petrus und sagt: »Du hast mir den größten Wunsch erfüllt. Ich darf auf einer Wolke schweben, aber noch viel schöner ist das Essen auf Rädern!«

Reinhard Abeln

Ein besonders schlauer Esel

Ein Mann ritt auf einem Esel, um einen guten Freund zu besuchen. Weil er unterwegs nicht träge und faul sein wollte, legte er ein dickes Buch aufgeschlagen auf den Rücken des Tieres und vertiefte sich in die Lektüre. Als der Esel spürte, dass sein Meister die Zügel locker ließ, machte er ganz sachte einen weiten Bogen – und begab sich klammheimlich wieder auf den Heimweg.

Zuhause angekommen, sah der Mann erstmals von seinem Buch auf, erblickte eine ziemlich verkommene alte Hütte und kommentierte hämisch: »Was für ein miserables Häuschen mein Freund bewohnt!« Und er überlegte ernsthaft, ob er denn wirklich absteigen und seinen Freund begrüßen solle. Immer noch unschlüssig, was er denn nun tun solle, erschien seine Frau und fragte ihn, warum er nicht absteige – und wieso er den Besuch bei seinem Freund vorzeitig abgebrochen habe.

Jetzt ging ihm ein Licht auf; jetzt erkannte er, dass ihm der Esel einen Streich gespielt hatte: Er befand sich tatsächlich vor seiner eigenen alten, schäbigen Hütte …

Märchen aus Korea

Der schlaue Fuchs

Ein Fuchs sah eine Bäuerin mit einem Korb Hühner zum Markt gehen. Er legte sich quer über den Weg und stellte sich tot. Die Frau betrachtete sein Fell und ging weiter.

Der Fuchs sprang auf, überholte in weitem Bogen die Bäuerin und legte sich abermals über den Weg. Die Frau meinte, sie sollte eigentlich das schöne Fell an sich nehmen. Aber sie stieg über den scheinbar toten Fuchs hinweg.

Der Fuchs stand auf, umlief die Bäuerin und legte sich ein drittes Mal auf den Weg. Da stellte die Frau den Korb ab und eilte zurück, um die beiden anderen Felle zu holen. Als sie wieder zu ihrem Korb zurückkam, waren Fuchs und Hühner verschwunden.

Überlieferte Geschichte

Der Igel und der Maulwurf

Als der Igel den Winter spürte, bat er den Maulwurf, ihm ein Plätzchen in seiner Höhle einzuräumen, damit er hier gegen die Kälte geschützt sei. Der Maulwurf war damit zufrieden. Doch kaum hatte der Igel Einlass erhalten, so machte er es sich in der neuen Wohnung bequem.

Der Maulwurf stach sich alle Augenblicke, bald hier bald da, an den Stacheln des neuen Gastes. Er erkannte, dass er zu eilig gehandelt hatte, und bat den Igel, wieder hinauszugehen, weil seine kleine Wohnung unmöglich sie beide fassen könne.

Doch der Igel lachte und sprach: »Wem es hier nicht gefällt, der kann fortgehen. Ich für meine Person bin sehr zufrieden und bleibe.«

Überlieferte Geschichte

Rabe und Fuchs

Ein Rabe hatte einen Käse gestohlen und setzte sich auf einen hohen Baum und wollte ihn essen. Da ein Rabe aber nicht schweigen kann, wenn er isst, hörte ihn ein Fuchs über den Käse sprechen und lief zu ihm hin und sagte: »Oh Rabe, noch nie habe ich einen schöneren Vogel gesehen als dich. Und wenn du auch so eine schöne Stimme hättest zum Singen, so sollte man dich zum König krönen über alle Vögel.«

Dem Raben gefiel solch Lob und Schmeichelei. Er hob an, seinen schönen Gesang hören zu lassen. Doch als er den Schnabel auftat, entfiel ihm der Käse. Den nahm der Fuchs behände, fraß ihn und lachte über den dummen Raben.

Fabel

Der Löwe und der Hase

Ein Löwe traf einen schlafenden Hasen und wollte ihn fressen. Da fiel sein Blick auf einen vorüberziehenden Hirsch. Er ließ den Hasen liegen und verfolgte den Geweihträger, konnte ihn aber nicht einholen.

Inzwischen war der Hase aufgewacht, und als der Löwe zurückkam, fand er auch die kleine Beute nicht mehr. »Nie wieder«, sprach der Löwe, »lasse ich wegen der Hoffnung auf etwas Besseres ein sicheres Gut fahren.«

Äsop

Der Star

Der alte Jäger Moritz hatte in seiner Stube einen ab-
gerichteten Star, der einige Worte sprechen konnte.
Wenn zum Beispiel der Jäger rief: »Stärlein, wo bist
du?«, so schrie der Star immer: »Da bin ich!«

Des Nachbars kleiner Karl hatte an dem Vogel eine
ganz besondere Freude und besuchte ihn öfters. Als
Karl wieder einmal hinkam, war der Jäger gerade nicht
in der Stube. Karl fing geschwind den Vogel, steckte
ihn in die Tasche und wollte damit fortschleichen.

Doch in dem Augenblick kam der Jäger zur Tür he-
rein. Er dachte, dem Jungen eine Freude zu machen,
und rief: »Stärlein, wo bist du?« – und der Vogel in
der Tasche des Jungen schrie, so laut er konnte: »Da
bin ich!«

Nach Christoph von Schmid

Fliege und Wanze

Die Fliege hat zur Wanze gesprochen:
»Leih mir doch eine Maß Blut.
Ich habe den Bürgermeister gestochen. –

Aber der roch nicht gut.
Und ich habe sein Blut, ohne was zu sagen,

In die Nase von seiner Frau übertragen
Und gab auch der Tochter und dem Sohn
Eine kleine Portion.
Und nun riecht die ganze Familie
Nach Quecksilber und Petersilie
Und ist voller Pickel und Flecke
Und es ist ein Vergnügen, von der Decke
Aus zuzugucken, wie sie sich jucken.«

Die Wanze tat etwas fremd
Und brummte: »Ach, Bagatelle!«
Und kroch dabei einem Kutscher ins Hemd.
Dort war derzeit ihre Quelle.

Joachim Ringelnatz

Gut erzogen

Der Verkäufer in der Tierhandlung empfiehlt Florian einen ganz besonders gut erzogenen Papagei.

»Siehst du, mein Junge, an jedem Bein hat der Vogel ein Kettchen. Wenn man am linken Kettchen zieht, sagt der Vogel ›Guten Morgen‹, und wenn man am rechten Kettchen zieht, sagt er ›Gute Nacht und schöne Träume!‹«

Fragt Florian: »Und was passiert, wenn man an beiden Kettchen gleichzeitig zieht?«

Kreischt der Papagei: »Na, dann fall ich von der Stange, du Idiot!«

Die Mücken und Würmer ...

»Begreift doch endlich, liebe Kinder«, ereifert sich der Pfarrer, »wie weise es der Schöpfer auf dieser Welt eingerichtet hat. Das Schwälbchen legt seine Eier ins geschützte Nest. Dann dauert es zwei, drei Wochen und die Jungen sprengen die Eierschalen. Sie kriechen genau zu dem Zeitpunkt heraus, wenn es in der Natur die meisten Würmer und Insekten gibt. Würmer und Mücken aber bilden ihre erste Nahrung. Da pfeifen sie ein fröhliches Danklied zu Ehren Gottes, der alles so klug bedenkt und seine treuen Geschöpfe mit Wohltaten überhäuft.«

Da fragt der kleine Lukas: »Singen da die Würmer und die Mücken auch mit, Herr Pfarrer?«

Reinhard Abeln

Der Affe

Es war einmal ein reicher Geizhals, der nie einem Armen einen Pfennig gab. Er hatte billig einen Affen gekauft, weil er ihn wieder viel teurer verkaufen wollte. Eines Tages war der geizige Mann ausgegangen. Da sah der Affe, dass der wohltätige Nachbar einem Armen ein Geldstück aus dem Fenster hinabwarf.

Der Affe wollte es nachmachen. Er nahm die vollen Geldkisten seines Herrn und warf das viele Gold und Silber zum Fenster hinaus. Die Leute rafften alles zusammen.

Als die Kisten schon fast leer waren, kam der geizige Mann zurück. Er sah mit Entsetzen, was vorging. »Oh, du hässliches, abscheuliches, dummes Tier!«, schrie der Mann. Und er drohte dem Affen schon von Weitem mit geballter Faust.

Der Nachbar aber sagte zu dem zornigen Mann: »Gib dich zufrieden! Es ist dumm, wie der Affe das Geld zum Fenster hinauszuwerfen. Aber ist es denn viel vernünftiger, es in Kisten einzusperren und davon keinen Gebrauch zu machen?«

Nach Christoph von Schmid

»Rabbi, darf ich am Sabbat …?«

»Rabbi, darf ich einen Floh am Sabbat töten?«

»Einen Floh? – Ja.«

»Und eine Laus?« – »Eine Laus? – Unter keinen Umständen.« – »Rabbi, wo bleibt da die Logik?«

»Dummer, was verstehst du denn nicht? – Laut Toragesetz darf man am Sabbat nur solche Arbeit verrichten, die sich unter keinen Umständen aufschieben lässt. – Der Floh hüpft dir davon, da kannst du nicht warten. Aber die Laus – die bleibt dir doch!«

Jüdischer Witz

Tierisch witzig

»Alle meine Eier sind Klasse A. Deine Eier sind nur Klasse B!«, prahlt das Huhn.

Da sagt das andere Huhn: »Glaubst du vielleicht, ich verrenke mir wegen der drei Cent meinen Hintern?«

»Sieh mal, 30 Grad unter Null, allmählich wird's Frühling«, sagt der Pinguin in der Antarktis zu seiner Frau.

»Jetzt bin ich schon 18 Jahre alt, aber alle sagen Kakadu zu mir und nicht Kakasie«, jammert der Kakadu.

Es schluchzt das Glühwürmchen: »Mama, Papa hat gesagt, dass ich nie eine große Leuchte werde!«

»Brr«, schüttelt sich ein Vogel auf dem Telegrafendraht.
»Frierst du?«
»Nein, mich hat nur eben ein Telegramm gekitzelt.«

Zwei Flöhe wollen nach Hause. »Gehen wir zu Fuß oder nehmen wir uns einen Hund?«, fragt der eine.
Reinhard Abeln

Das Eichhörnchen und der Wolf

Unter einem Baume schlief ein Wolf und über ihm auf den Ästen hüpfte ein Eichhörnchen. Es sprang mutwillig umher und fiel dabei auf den Wolf. Dieser sprang auf, fing das erschrockene Tierchen und wollte es auffressen.

»Lass mich frei«, bat das Eichhörnchen. »Gut«, entgegnete der Wolf, »aber du musst mir dafür erzählen, warum ihr Eichhörnchen immer so fröhlich seid. Ihr hüpft und springt tagtäglich von Baum zu Baum, von Ast zu Ast, während mir stets traurig zumute ist.«

»Ich kenne den Grund«, sagte das Eichhörnchen.

»Aber ich habe große Angst vor dir. Lass mich los und ich sage dir, warum du nicht so von Herzen froh sein kannst wie wir kleinen Gesellen.«

Der Wolf gab daraufhin dem Eichhörnchen die Freiheit zurück. Wohlweislich sprang es auf einen Baum und sprach: »Du bist deshalb immer so unlustig und traurig, weil du böse und misstrauisch bist. Daher hat dich mürrischen Gesellen auch niemand gern. Wir hingegen sind deshalb so fröhlich, weil wir niemandem etwas Böses zufügen. Daher sind wir auch überall gern gesehen und alle haben uns lieb!«

Russische Fabel

Der Fuchs und der Ziegenbock

Der Fuchs war in einen Brunnen gefallen und musste notgedrungen drunten ausharren, da er nicht wusste, wie hinaufkommen. Ein durstiger Ziegenbock aber, der an den Brunnen kam, sah ihn und fragte, ob das Wasser gut sei. Der Fuchs, der sich über dieses glückliche Zusammentreffen sehr freute, lobte lang und breit das vorzügliche Wasser und redete ihm zu, auch herunterzukommen.

Der Ziegenbock sprang auch, weil er im Augenblick nur an seinen Durst dachte, ohne weitere Überlegung hinunter, und als er, nachdem der Durst gelöscht war, mit dem Fuchs das Hinaufkommen überlegte, sagte dieser, er habe einen guten Gedanken zu ihrer beider Rettung. »Wenn du die Vorderbeine gegen die Wand stemmen und die Hörner hochstellen willst, springe ich über deinen Rücken hinauf und ziehe dich dann nach.«

Der Ziegenbock ging auch auf diesen zweiten Ratschlag ein: Der Fuchs kletterte ihm über die Hinterbeine auf die Schultern, und indem er sich auf die Hörner stellte, gelangte er zum Brunnenrand. Einmal droben, machte er aber Miene, davonzugehen. Als ihm der Ziegenbock vorwarf, er handle gegen ihre Verabredung, drehte er sich um und sagte: »Wenn du so viel Verstand hättest wie Haare im Bart, dann hättest du dir vor dem Hinunterspringen das Zurückkommen überlegt.«

So ist es auch bei den Menschen: Verständige denken zuerst an den Ausgang ihrer Unternehmungen, dann erst lassen sie sich darauf ein.

Äsop

»Du bist und bleibst ein Esel«

Eine Eintagsfliege, ein Esel und eine Schildkröte unterhielten sich über das Leben.

Die Eintagsfliege sagte: »Könnt ihr euch vorstellen, was es bedeutet, das ganze Leben in nur 24 Stunden unterzubringen: geboren werden, aufwachsen, leben, leiden, glücklich sein, alt werden und sterben – und das alles in 24 Stunden! Wisst ihr, wie das ist?«

»Ich gäbe etwas drum«, sagte der Esel, »wenn ich nur so kurze Zeit zu leben hätte. In diesen 24 Stunden würde ich das Leben genießen. Ich würde alles auskosten, was es gibt. Wunderbar wäre das!«

»Ich kann euch nicht verstehen«, entgegnete die Schildkröte. »Ich bin jetzt 300 Jahre alt. Und in diesen Jahren habe ich viel erlebt. Euch alles zu erzählen, würde die Zeit nicht reichen. Schon vor 200 Jahren habe ich mir gewünscht, mein Leben wäre zu Ende. – Und was dich angeht, Esel, dich beneide ich wirklich. Aber, liebe Eintagsfliege, mit dir habe ich nur Mitleid«, fuhr die Schildkröte fort.

»Wenn ich dich so höre«, gab der Esel zurück, »ich wäre glücklich, würde ich 300 Jahre werden. Dann könnte ich das Leben so richtig auskosten.«

Als der Esel das gesagt hatte, wurden alle drei sehr nachdenklich und still. Denn sie merkten plötzlich, dass sie das Leben ausschließlich nach der Uhr gemessen hatten und sich danach sehnten, das eigene Leben zu verlängern, zu verkürzen oder beides zu versuchen. Sie beschlossen deshalb, zur Spinne zu gehen; denn sie war wegen ihrer Weisheit berühmt. Sie fragten die Spinne um Rat in dieser Angelegenheit.

Nach längerem Nachdenken wandte sich die Spinne zunächst der Schildkröte zu. »Schildkröte«, sagte sie, »hör auf zu klagen. Denn wer hat schon so viel Erfahrung wie du? Und du, Eintagsfliege«, mahnte die Spinne, »auch du hast keinen Grund zur Klage. Denn wer hat schon so viel Freude wie du?«

Der Esel war ungeduldig geworden und fragte die Spinne: »Lass hören, welchen Rat du mir gibst, weise Spinne!«

»Dir kann ich keinen Rat geben. Denn du willst beides. Du bist und bleibst ein Esel!«

Als die anderen Tiere das hörten, nahmen sie sich fest vor, das Leben von nun an nicht mehr nach der Zeit, sondern nach seiner Tiefe und seinem Sinn zu bewerten.

Unbekannter Verfasser

Einfach tierisch

Zwei Frösche treffen sich. Einer von ihnen ist über und über mit Heftpflaster und Bandagen bedeckt.

»Was ist denn passiert?«, fragt der andere erschrocken.

»Ich hab aus Versehen einen Knallfrosch geküsst!«, stöhnt da der andere.

Zwei Hunde treffen sich. »Wau, wau«, sagt der eine.

»Mäh!«, erwidert der andere.

»Nanu«, fragt der erste, »was heißt denn das?«

»Fremdsprachen gelernt!«

Das Mottenkind darf zum ersten Mal den Schrank verlassen.

Fragt die Mutter nach seiner Rückkehr: »Na, wie war es denn in der Wohnung?«

»Toll, Mutti! Jeder, der mich sah, klatschte in die Hände!«

Reinhard Abeln

Der Fuchs und die Gänse

Der Fuchs kam einmal auf eine Wiese, wo eine Herde schöner, fetter Gänse saß. Da lachte er und sprach: »Ich komme ja wie gerufen, ihr sitzt hübsch beisammen, so kann ich eine nach der andern auffressen.«

Die Gänse gackerten vor Schrecken, sprangen auf, fingen an zu jammern und kläglich um ihr Leben zu bitten. Der Fuchs aber wollte auf nichts hören und sprach: »Da ist keine Gnade, ihr müsst sterben.« Endlich nahm sich eine das Herz und sagte: »Sollen wir armen Gänse doch einmal unser junges, frisches Leben lassen, so erlaub uns noch ein Gebet, damit wir nicht in unseren Sünden sterben, hernach wollen wir uns auch in eine Reihe stellen, damit du dir immer die Fetteste aussuchen kannst.«

»Ja«, sagte der Fuchs, »das ist billig und ist eine fromme Bitte. Betet, ich will so lange warten.«

Also fing die erste ein recht langes Gebet an, immer: »Ga! Ga!«, und weil sie gar nicht aufhören wollte, wartete die zweite nicht, bis die Reihe an sie kam, sondern fing auch an: »Ga! Ga!« Die dritte und vierte folgten ihr und bald gackerten sie alle zusammen.

Und wenn sie ausgebetet haben, soll das Märchen weitererzählt werden, sie beten aber alleweil noch immerfort.

Volksgut

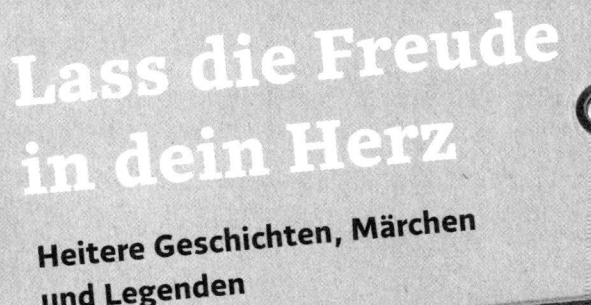

Lass die Freude in dein Herz

Heitere Geschichten, Märchen und Legenden

Viele Geschichten – Märchen, Gleichnisse, Erzählungen, Fabeln, Legenden – haben einen humorvollen, einen heiteren und froh-machenden Inhalt. Sie können unser Herz erfreuen und uns zum Schmunzeln bringen. Einige davon sollen hier wiedergegeben werden – gleichsam als Veranschaulichung und Vertiefung dessen, was bereits über die Haltung des Humors gesagt wurde. Die Geschichten eignen sich nicht nur zum Selberlesen, sondern auch zum Vorlesen in Gruppen und Vereinen, bei frohen und festlichen Veranstaltungen.

Da sagte der liebe Gott ...
Wieder einmal waren der liebe Gott und Petrus auf Wanderschaft durch die Regionen der Erde. Und weil sie sich verlaufen hatten, fragten sie einen Schäfer, der faul auf dem Rücken lag und sich ausruhte. Weil er zu bequem war, auch nur den Mund aufzumachen, hob er bloß seinen rechten Fuß ein kleines bisschen in die Höhe und zeigte damit die Richtung, in die der Weg weitergehe.

Petrus, empört: »Was für ein fauler Kerl! Nur gut, dass man solche Leute nicht alle Tage trifft. Das könnte einem ja die Freude an den Menschen verderben!«

Gottvater schmunzelte, sagte aber kein Wort. Kurze Zeit darauf trafen sie ein Mädchen, das fleißig auf dem Feld arbeitete. Sie fragten es nach dem Weg – und es war gerne bereit. »Ihr könnt euch hier leicht verlaufen. Ich will lieber ein Stück mit euch gehen ...« – Es legte die Hacke hin und begleitete die beiden ein ganzes Stück Weges.

Als sie wieder allein waren, sprach Petrus: »Welch ein nettes und fleißiges Mädchen, so zuvorkommend und dabei so frisch und sauber! Die muss aber auch einen guten Mann kriegen!«

Da sagte der liebe Gott: »Sie kriegt den Faulpelz von Schäfer!«

»Was«, rief Petrus, »den faulen Schäfer? Warum denn das?«

»Der eine muss den anderen ergänzen«, sagte der Herr und schmunzelte ...

Westfälische Legende

Der Bauer und seine Rebhühner

Es lebte einmal ein Bauer, der das Glück hatte, in seinem Garten gleich zwei Rebhühner auf einen Schlag zu fangen. Er rupfte sie, nahm sie aus und gab sie seiner Frau, die sie kochen und braten sollte.

Unterdessen ging der Bauer zum Pfarrer, um ihn zu dem Festessen einzuladen. Da er lange wegblieb und die Hühner inzwischen fertig gebraten waren, schnitt sich die Frau ein kleines Stückchen von der knusprigen Haut ab, um sie zu kosten, denn sie naschte allzu gern. Es schmeckte ihr so gut, dass sie noch ein weiteres Stück von den Flügeln probierte und so allmählich beide Flügel des Huhnes verzehrt hatte. Dann schaute sie aus dem Fenster, die Straße hinunter, um zu sehen, ob ihr Mann nicht endlich zurückkäme. Da sie ihn noch immer nicht kommen sah, ging sie wieder in die Küche und sagte sich, dass sie das flügellose Huhn nicht auf den Tisch stellen könne und es deshalb besser sei, gleich alles aufzuessen.

Als sie das ganze Huhn verputzt hatte, überlegte sie, was sie sagen sollte, wenn ihr Mann nach dem zweiten Huhn fragte. Sie fand bald eine Ausrede: Sie würde ihm antworten, während sie aus dem Fenster nach ihm geschaut habe, wäre die Katze gekommen und hätte flugs das Tier vom Spieß gefressen.

Mit ihrer ausgedachten Geschichte überaus zufrieden, schaute sie abermals auf die Straße, ob ihr Mann nun nicht bald komme. Als sie dabei an das zweite Huhn dachte, lief ihr das Wasser im Munde zusammen. Sie glaubte, sie werde verrückt, wenn sie nicht wenigstens ein Stück davon äße. Also schnitt sie – ritsch, ratsch – den Hals des Huhnes ab und verzehrte ihn genüsslich, schleckte sich die Finger und wischte sich den Mund ab: »Was mach ich nur, was sag ich jetzt? Aber ich kann nicht an mich halten! Ich muss auch noch den Rest aufessen; es ist mir egal, wenn alles weg ist.«

Als sie alles gegessen hatte und reichlich satt war, kam der Bauer zurück. Er fragte unfreundlich: »Na, sind die Hühner fertig? Ist der Tisch gedeckt?«

»Ja, schon«, antwortete die Frau, »aber es ist etwas Schreckliches passiert. Die Katze hat beide Hühner gefressen!«

Da sprang der Bauer auf sie zu und hätte sie erschlagen, wenn sie nicht eingelenkt hätte: »Nein, nein, es war nur ein Scherz. Die Hühner sind zugedeckt im Topf, damit sie warm bleiben.«

»Das walte Gott!«, schrie der Bauer, »ich hätte dir sonst den Hals umgedreht, wenn du nicht aufgepasst hättest. Nun aber schnell, mach alles zurecht, wir essen im Garten am runden Tisch!«

Die Frau gab ihm ein großes Messer und hieß ihn, es gut zu schleifen. Da kam schon der Pfarrer, der zum Essen geladen war. Er begrüßte die Frau herzlich und umarmte sie. Sie stieß ihn zurück und rief: »Mein

Mann ist gerade hinausgegangen, um sein größtes Messer zu schleifen. Er hat gesagt, er will Euch die Nase abschneiden, wenn er Euch erwischt!«

»Heiliger Antonius«, sprach der Pfarrer, »was sagst du da? Er lud mich zum Rebhuhnessen ein.«

»Wie konntet Ihr das glauben, hier ist kein Rebhuhn und auch sonst nichts zum Essen im Haus. Ich wäre froh, es wäre die Wahrheit, aber mir graust vor dem, was Euch droht. Da schaut nur in die Küche, dort wetzt er sein Messer.«

»Heiliger Georg«, stammelte der Pfarrer leichenblass, »ich glaube, du hast recht.« Und er lief eilig davon.

Die Frau aber schrie nach ihrem Mann: »Beim Allmächtigen, komm her!«

»Was hast du, zum Teufel?«, rief dieser.

»Was ich habe? Wenn du dich nicht gleich auf die Socken machst, so wirst du heute keine Rebhühner mehr essen, der Pfarrer hat sie gestohlen!« Voller Wut rannte der Bauer, der seiner Frau glaubte, mit dem Messer in der Hand dem vermeintlichen Dieb nach.

»Ihr entwischt mir nicht!«, schrie er, »Ihr tragt davon, was Ihr besser hiergelassen hättet. Ihr seid ein schlechter Gast, wenn Ihr sie allein essen wollt!«

Der Pfarrer schaute sich im Laufen um und sah den

Bauern mit dem Messer hinter sich herlaufen. Und er lief noch schneller als zuvor. Atemlos kam er zu Hause an und verschloss blitzschnell seine Tür.

Als der Bauer das sah, gab er auf und kehrte nach Hause zurück. Er fragte noch seine Frau, wie sich das Ganze zugetragen habe. Sie erzählte, der Pfarrer habe sich das Essen zeigen lassen und sofort die Hühner gepackt und sei entwischt. »Aber da ich nicht so schnell laufen kann, habe ich dich gerufen, damit du ihn verfolgst.«

Der Bauer wusste nicht, ob seine Frau die Wahrheit sagte oder ob sie log. Was nützte es ihm, es zu wissen. Die Rebhühner bekam er deshalb doch nicht wieder.

Französisches Märchen

Klare Rechnung

Kürzlich entdeckte ein Historiker aus Stockholm in einer schwedischen Landkirche verschnörkelte Eintragungen aus dem Jahre 1795. Die säuberlich notierten Aufzeichnungen zeugen sowohl für den gesunden Humor des Künstlers als auch für den Ernst des biederen Sekretärs, der sie mit gewichtigem Amtssiegel versah und im Kirchenarchiv registrierte:

1. Das zweite Gebot verändert
   sowie die Zehn Gebote lackiert: 3 Kr.
2. Pontius Pilatus verputzt, neues Pelzwerk
   auf seinen Kragen gesetzt und ihn von allen
   Seiten neu poliert: 8 Kr.
3. Den Himmel erweitert und verschiedene
   neue Sterne eingesetzt, das ewige Höllenfeuer
   verbessert und dem Teufel ein vernünftigeres
   Gesicht aufgesetzt: 15 Kr.
4. Die klugen Jungfrauen gereinigt sowie sie
   da und dort hübscher angestrichen, damit
   sie wieder zur Geltung kommen: 10 Kr.
5. Den Weg zum Himmel deutlicher markiert,
   da man ihn zuvor kaum mehr gesehen hat: 1 Kr.
6. Die hl. Magdalena vergoldet, sie etwas
   verändert und ihr den Hals vom Schmutz
   gereinigt: 5 Kr.
7. Johannes dem Täufer einen neuen Stab
   geschnitzt und in die Hand gedrückt,
   da er umzufallen drohte: 4 Kr.
8. Das Rote Meer vom Fliegenschmutz
   gereinigt: 2 Kr.
9. Die pausbackigen Engel über der Orgel
   mit neuen Windeln versehen und ihre Haare
   neu vergoldet: 8 Kr.

10. Das Ende der Welt weiter zurückgestellt,
    da es viel zu nah war: 20 Kr.

Summa summarum: 76 Kr.

Überliefert

Der kranke Rabbi

Einmal musste der Rabbi für eine Weile das Bett hüten, weil er ernstlich erkrankt war. Doch trotz seiner Krankheit konnte er noch Witze machen.

Die Frau des Rabbi war um die Gesundheit ihres Mannes sehr besorgt. Wenn sie an seinem Bett saß, konnte sie ihre Tränen oft nicht mehr zurückhalten. Als der Rabbi seine Frau wieder einmal weinen sah, sagte er zu ihr: »Warum weinst du, meine Liebste? Geh und wasche dein Gesicht, zieh dein bestes Kleid an und lächle!«

»Aber Rabbi«, sagte die Frau, »das kann ich nicht, wenn du solche Schmerzen hast und so viel leidest!«

»Warum nicht?«, erwiderte der Rabbi. »Ich weiß, dass bald der Todesengel kommen wird. Und wenn er sieht, wie schön du bist, dann wird er vielleicht seine Meinung ändern und dich mitnehmen – und nicht mich!«

Rabbinische Geschichte

Der einfältige Narr

Der König von Frankreich verirrte sich eines Tages auf der Jagd. Als er den richtigen Weg dann gefunden hatte, begegnete ihm ein Bauer, der nach Paris unterwegs war. Der König ließ sich auf ein Gespräch ein, gab sich aber nicht zu erkennen.

Der Bauer erzählte, er würde gern einmal den König sehen. Darauf meinte sein Gefährte: »Den Wunsch kann ich dir erfüllen. Komm mit mir! Ich reite zum König.«

»Woran kann ich erkennen, wer der König ist?«, fragte der Bauer. »Das ist einfach«, erklärte sein Gefährte, »achte nur darauf, wer unter allen Leuten den Hut aufbehält, das ist der König!«

Vor dem Stadttor warteten die königlichen Bediensteten und zogen den Hut. Der König wandte sich an den Bauern: »Siehst du nun, wer der König ist?«

»Ich weiß nicht recht«, antwortete der Bauer, der seine Mütze aufbehalten hatte, »aber einer von uns beiden muss es wohl sein.«

Abraham a Sancta Clara (1644–1709)

Vom dummen Teufel

Es ging ein Mann den Weg entlang und hörte, wie aus einer hohlen Tanne ein Teufel um Hilfe rief. Da sprach der Mann: »Erst sage mir, was du mir gibst, wenn ich dir helfe.«

»Was du willst.«

Da sagte der andere: »So viel Gold, als ich nur tragen kann, will ich zum Lohn.«

Das versprach ihm der Teufel; und der Mann fragte: »Wie kann ich dir helfen?«

»Nimm einen Strohhalm«, sagte der Teufel, »und stecke ihn in das Loch im Stamm, dann kann ich heraus.«

Da nahm der Mann einen Strohhalm und steckte ihn in das Loch und der Teufel kam aus dem Baum hervor. Darauf lief er fort und holte einen Haufen Gold herbei, soviel der Mann nur tragen konnte.

Der nahm das Gold und sprach zum Teufel: »Wie bist du nur in das kleine Loch hineingekommen und dann wieder heraus? Das zeig mir doch einmal.«

Der Teufel machte sich klein und kroch wieder in die Tanne. Da machte der Mann ein Kreuz über dem Loch und der Teufel musste für immer in dem Baum sitzen bleiben.

Aus Finnland

Der weise Mullah

Drei befreundete alte Männer saßen zusammen und sprachen von den Freuden der Jugend und der Last des Alters.

»Ach«, stöhnte der eine, »meine Glieder wollen nicht mehr, wie ich will. Was bin ich doch früher gelaufen wie ein Windhund und jetzt lassen mich meine Beine so im Stich, dass ich kaum mehr einen Fuß vor den anderen setzen kann.«

»Du hast recht«, pflichtete ihm der zweite bei. »Ich habe das Gefühl, meine jugendlichen Kräfte sind versickert wie das Wasser in der Wüste. Die Zeiten haben sich geändert und zwischen den Mühlsteinen der Zeit haben wir uns geändert.«

Der dritte, ein Mullah, ein Laienprediger, kaum weniger klapprig als seine Gefährten, schüttelte den Kopf: »Ich verstehe euch nicht, liebe Freunde. Ich kenne das alles von mir nicht, worüber ihr klagt. Ich bin genauso kräftig wie vor vierzig Jahren.« Das wollten ihm die anderen nicht glauben.

»Doch, doch«, ereiferte sich der Mullah. »Den Beweis dafür habe ich erst gestern erbracht. Bei mir im Schlafgemach steht schon seit Menschengedenken ein schwerer eichener Schrank. Vor vierzig Jahren habe ich versucht, diesen Schrank zu heben, aber was glaubt ihr, Freunde, was geschah? Ich konnte den Schrank nicht heben. Gestern kam mir die Idee, ich solle einmal den Schrank anheben. Ich versuchte es mit allen Kräften, aber wieder schaffte ich es nicht. Damit ist doch eines klar bewiesen: Ich bin genauso kräftig wie vor vierzig Jahren!«

Persische Geschichte

Weißt du noch, Schatz …?

Ein älteres Ehepaar saß am Abend beisammen; er bequem im Schaukelstuhl, sie auf dem Sofa. Beide tagträumten so vor sich hin; dachten zurück an ihre gemeinsamen Jahre. Sie strickte an warmen Socken – für seinen Geburtstag. Er überflog die Tageszeitung und blieb bei den Todesanzeigen hängen …

Dann durchbrach sie das Schweigen: Schatz, erinnerst du dich noch daran, als wir uns zum ersten Mal begegneten? Da hast du mir ganz sanft übers Haar gestrichen. Sehr liebevoll! – Etwas zögernd erhob er sich, ging zu ihr hin und strich ihr übers ergraute Haar – mit zitternder Hand.

Ein paar Minuten später: Schatz, weißt du noch, wie du mich, als wir im Kurpark spazieren gingen, in die Arme nahmst …? – Ja, erwiderte er; da waren wir noch 60 Jahre jünger. – Weil er erneut aufstehen wollte, winkte sie ab: Bleib ruhig sitzen; die Umarmung holen wir später nach …

Als sie ihn ein drittes Mal an früher erinnerte: Weißt du noch, Schatz, wie das war, als wir uns zum ersten Mal küssten? Da stand er auf und verließ wortlos den Raum. Sie blieb kreidebleich zurück.

Es dauerte etwas, bis er wiederkam. Immer noch schweigend. Sie ging ihm entgegen, fasste ihn an der Hand, um sich zu entschuldigen. Doch als sie ihm ins Gesicht schaute, entdeckte sie ein seltenes Schmunzeln in seinen Augen – und fasste Mut: Sag mal, Schatz, habe ich dich beleidigt? – Er schüttelte den Kopf. – Hab ich dir wehgetan? – Nein. Überhaupt nicht! – Schließlich fragte sie ihn, fast schon fordernd: Dann sag mir bitte, warum du wortlos rausgegangen bist? – Er, sehr gefasst und gar nicht emotional: Weil ich erst mein Gebiss holen wollte!

Adalbert Ludwig Balling

Der König und der Narr

Es herrschte einmal ein König, der war gut und edel wie kein anderer. Der König hatte auch einen Narren, der war gleichermaßen beliebt am Hof wie beim Volk.

Dessen Lieblingsausspruch war: »Es kommt im Leben darauf an, die Dinge auf den Kopf zu stellen!« Und kaum, dass er dies sagte, stand er auch schon selbst auf dem Kopf und brachte den ganzen Hof zum Lachen. War der König traurig, so wusste der Narr ihn immer wieder zu trösten und aufzuheitern.

Nun geschah es, dass der König betrübt und traurig wurde. Ihn bedrückte ein großes Missgeschick in seinem Land. Ward nämlich ein Kind geboren und wollte der König sich recht von Herzen über den neuen Erdenbürger freuen, so erreichte ihn auch schon die Nachricht, dass zur selben Zeit einer seiner Untertanen gestorben sei. Das bekümmerte den König sehr. Mit ihm trauerten sein ganzer Hofstaat und alle seine Untertanen.

Schließlich konnte der König diese Not nicht mehr länger ertragen. Er zog sich von den Regierungsgeschäften zurück und wollte mit niemandem mehr etwas zu tun haben. Selbst seinen Ministern und den klügsten Untertanen gelang es nicht, den schwermütigen König umzustimmen.

Zuletzt sprach der Narr: »Lasst mich zum König! Ich meine, ich bringe es fertig, dass er sich wieder freut.«

Doch das Volk rief: »Was kann uns ein Narr nützen, wenn die Klügsten unter uns nichts erreichen?«

Aber der Narr bat so inständig, dass die Minister endlich nachgaben und ihn zum König vorließen. Und siehe! Kaum eine Stunde war vergangen, da erschien der König wieder fröhlich und wohlgemut. Der ganze Hofstaat umstand den Narren voll Staunen und bestürmte ihn, zu berichten, wie er diesen Sinneswandel beim König zustande gebracht habe.

Da erzählte der Narr, wie er den König in tiefster Trauer vorgefunden habe. All seine Überredungskunst sei vergeblich gewesen, bis er zuletzt dem König den Rat gegeben habe, seinen, des Narren, alten Weisheitsspruch zu erproben und die Dinge ganz einfach auf den Kopf zu stellen.

Er habe gesagt: »König, du behauptest, dein Land sei vom Missgeschick verfolgt. Immer wenn ein Kind in deinem Reich zur Welt komme, sterbe zu gleicher Zeit ein anderer deiner Bürger, sodass augenblicklich alle Freude in Trauer verkehrt werde. Stell die Dinge einfach auf den Kopf und sage dir, dass du vieles vor anderen Herrschern voraus hast: Stirbt in deinem Reich einer und trauern deine Untertanen, so wird gleichzeitig an einer anderen Stelle neues Leben geboren. Ist dies nicht ein Grund zur Freude?«

Da habe der König ihn mit Tränen in den Augen umarmt und gesagt: »Deine Weisheit, o Narr, ist groß, lass uns von nun an die Dinge auf den Kopf stellen!«

Überlieferte Geschichte

Der Ire im Himmel

Einmal starb ein Ire ganz unverhofft. Nun stand er vor Christus. Der musste entscheiden, ob der Ire in den Himmel kommt oder nicht.

Eine ganze Reihe Leute, große und kleine, waren vor dem Iren an der Reihe. Er bekam genau mit, was die Einzelnen vorzuweisen hatten und wie Jesus entschied.

Jesus schlug in einem dicken Buch nach und sagte zu dem ersten: »Da steht: Ich hatte Hunger und du hast mir zu essen gegeben. Bravo, ab in den Himmel!«

Zum zweiten sagte er: »Ich hatte Durst und du hast mir zu trinken gegeben!« Und zum dritten: »Ich war krank und du hast mich besucht! Bravo, ab in den Himmel, ihr beiden!«

Dann kam ein achtjähriger Junge. Zu dem sagte er: »Hier steht: Keiner wollte etwas mit mir zu tun haben. Du aber hast mich zum Mitspielen eingeladen. Bravo, ab in den Himmel!« Und zu einem zehnjährigen Mädchen sagte Jesus: »Hier steht: Alle haben mich beschimpft, du aber hast mich verteidigt! Bravo, ab in den Himmel!«

Bei jedem, der so in den Himmel befördert wurde, machte der Ire Gewissenserforschung und jedes Mal kam ihm das Zittern. Er hatte keinem etwas zu essen gegeben oder zu trinken und Kranke hatte er nicht besucht und Schwache nicht verteidigt. Wie würde es ihm ergehen, wenn er vor Jesus, dem König, stehen würde?

Und dann war er auch schon an der Reihe. Er blickte auf Jesus, der in seinem Buch nachschlug, und zitterte vor Angst. Dann blickte Jesus auf. »Da steht nicht viel geschrieben«, sagte er, »aber etwas hast du auch getan (und der Ire meinte zu beobachten, dass Jesus dabei schmunzelte!). Hier steht: Ich war traurig, enttäuscht, niedergeschlagen – und du bist gekommen und hast mir Witze erzählt. Du hast mich zum Lachen gebracht und mir Mut gegeben. Ab in den Himmel!«

Und der Ire machte einen Freudensprung durchs Himmelstor.

Aus Irland

Das ist eine Lüge!

Vor Jahren lebte in einem Dorf ein Bauer, der sich viel darauf zugute tat, dass er am besten lügen könne. Nun wollte es der Zufall, dass er einmal einen Knecht in Lohn nahm, der ihm in dieser zweifelhaften Kunst nicht nachstand.

Eines Tages beschlossen die beiden, um die Wette zu lügen. Sieger sollte sein, wer dem anderen mit seiner Erzählung den Ausruf entlockte: »Das ist eine Lüge!« Als Preis legte jeder zehn Taler auf den Tisch.

Der Bauer begann als Erster: »Wir hatten einmal einen Stier auf dem Hof, der besaß so lange Hörner, dass ein Sperling einen ganzen Tag fliegen musste, um von einer Hornspitze auf die andere zu gelangen!«

»Das mag schon wahr sein!«, entgegnete der Knecht mit gleichgültigem Gesicht. »Früher steckte in jedem Ding eine ganz andere Kraft als heutigentags. Da kann ich mich noch gut besinnen, dass wir einst daheim Erbsen angebaut hatten, die in jeder Stunde über einen Meter wuchsen und deren Stängel die Dicke eines Baumstammes hatten. Als gegen den Sommer hin die ersten Schoten ansetzten, machte ich mir nach Bubenart einen Spaß daraus, einen Erbsenstamm hinaufzuklettern, um von den ersten süßen Früchten zu naschen. Je höher ich kletterte, umso schmackhafter wurden die Schoten. Und ehe ich mich versah, war ich oben im Himmel angekommen.«

Der Knecht hielt einen Augenblick inne und blinzelte zu dem Bauern hinüber. Der meinte listig: »Das mag schon wahr sein, aber sag an, was tatest du im Himmel?«

»Nun«, fuhr der Knecht gleichmütig fort, »im ersten Augenblick stand ich ratlos da. Dann aber ging ich durch die weiten himmlischen Räume, die seltsamerweise alle leer waren. Keiner der himmlischen Geister ließ sich blicken! – Endlich klopfte ich an eine Tür, die nur angelehnt war. Als ich zum Eintreten aufgefordert wurde, sah ich dort deinen und meinen Großvater!«

»Was taten die dort?«, fragte der Bauer, der seine Neugier nicht länger zügeln konnte.

Wieder machte der Knecht eine kleine Pause und blinzelte den anderen vielsagend an. Dann fuhr er gleichmütig fort. »Mein Großvater saß mitten in dem prächtigen Saal auf einem goldenen Thron. – Und dein Großvater kniete vor ihm auf dem Boden und – putzte ihm die Stiefel!«

Hochrot vor Zorn war der Bauer aufgesprungen. »Das ist eine ganz niederträchtige Lüge!«, schrie er und schlug erbost mit der Faust auf den Tisch.

»Magst recht haben!«, nickte der Knecht und strich zwanzig Taler ein.

Volksgut

Das gefällt Gott

Rabbi Baruka erging sich oft auf dem Marktplatz von Lapet. Dort erschien ihm eines Tages der Prophet Elija. Rabbi Baruka sprach ihn an: »Gibt es unter den vielen Menschen hier einen Einzigen, der Anteil an der kommenden Welt haben wird?«

Der Prophet Elija antwortete: »Unter den Massen von Menschen gibt's nur jenen dort, der gerettet werden wird.« Und der Prophet zeigte auf einen Spaßmacher, der die Leute köstlich unterhielt.

Rabbi Baruka ging auf diesen zu und fragte ihn: »Was tust du denn, durch was machst du dich nützlich?«

Der Mann antwortete ihm. »Ich bin nur ein Gaukler. Wenn ich jemand sehe, der traurig ist, dann versuche ich, ihn zu erheitern und froh zu stimmen. Wenn ich Menschen sehe, die sich streiten, versuche ich, sie wieder zusammenzubringen und zu versöhnen. Wenn ich Leute sehe, die sich viel einbilden und stolz sind, dann versuche ich, ihnen einen Spiegel vorzuhalten, damit sie sich recht erkennen.«

Rabbi Baruka wurde nachdenklich: »Das also gefällt Gott! Und das wird er mit der Wonne seiner Seligkeit belohnen.«

Rabbinische Geschichte

»Jo mei, a Zelebret ham'S!«

Ein Mann steigt zu, vielleicht 40 Jahre alt. Er grüßt, erkundigt sich, ob der Zug Richtung Österreich fahre, erwähnt gleich, dass er nach Sankt Pölten wolle.

Wir kommen sofort ins Gespräch. Zur grauen Hose trägt er ein helles Hemd. Unauffällig, aber korrekt und sauber, denke ich; nur ein wenig unbeholfen scheint er zu sein. Vielleicht sind es seine überflüssigen Pfunde, die ihn etwas schwerfällig wirken lassen. Sonst ist er recht zugänglich. Er komme gerade aus Spanien, wo er seinen Urlaub verbracht habe.

»Allein?« – frage ich.

»Nein, nicht allein!« – Mehr will er wohl nicht sagen. Seine Diktion lässt auf einen Akademiker schließen. Ob ihm denn der Urlaub gutgetan habe, frage ich weiter. – Er nickt und sagt dann: Aber jetzt gehe es gleich wieder hinein in die Arbeit. Morgen müsse er schon wieder antreten!

Ob ich richtig gehe in der Annahme, dass man in seinem Beruf so schnell nicht arbeitslos werde? – Er überlegt kurz und bejaht.

Ich hake nach: Sind Sie Pfarrer? – Er: »Ja. Aber woraus schließen Sie das?«

Wir unterhalten uns prima. Stundenlang. Schließlich erreichen wir die Grenze. Ein Beamter erscheint.

Passkontrolle. Ich reiche die Kennkarte hin, während mein Gesprächspartner noch in seiner Tasche herumsucht. Schließlich entschuldigt er sich überschwänglich: Nein, er könne seinen Pass nicht finden. Ob der Beamte vielleicht später noch mal vorbeischauen wolle? – Na gut, sagt der. Suchen Sie weiter! Ich komme wieder.

Etwas später guckt auch der österreichische Grenzer ins Abteil; ihn bittet der Pfarrer gleichfalls, sich etwas zu gedulden. Er suche noch immer nach seinem Pass. Aber alles Mühen hilft nicht weiter. Alles umsonst. Er findet ihn nicht. Sichtlich verwirrt, sagt er: »Wahrscheinlich habe ich ihn aus Versehen bei meinem Freund im Hunsrück gelassen. Mit ihm war ich in Spanien gewesen; er hatte die beiden Pässe, als wir die französische Grenze passierten ...«

Ob er denn sonst einen Ausweis bei sich habe, frage ich, etwa den Führerschein oder sonst etwas Ähnliches? – »Nein, leider nicht!«

Doch dann fällt ihm plötzlich etwas ein: Sein Zelebret (Ausweis für Priester); das liege im Brevier. Er zeigt es mir. Auf dem Foto sieht er aus wie ein Primiziant – brav und schüchtern.

Besser als gar nichts, sage ich. Hauptsache, da ist ein offizieller Stempel drauf – vom bischöflichen Ordinariat! Nur, das Ganze habe einen Haken, wende ich ein: Es sei alles in lateinischer Sprache! Ob die Beamten so viel Latein verstünden?

Wir beraten hin und her. Ich bin bereit, ihm zu helfen. Schlimmstenfalls müsse er eben am Grenzort den Zug verlassen und von dort zu Hause in seiner Pfarrei anrufen lassen ...

Während wir noch überlegen, kommt der deutsche Grenzbeamte zurück.

Der Pfarrer erklärt ihm alles: Keinen Pass; auch keinen anderen Ausweis, nur ein Zelebret habe er bei sich.

Er reicht es dem Beamten. Der schüttelt den Kopf: »Das ist für mich kein Ausweis. Weiß Gott nicht!« Etwas später: So ein Ding habe er noch nie gesehen. Was das eigentlich sei, ein Zelebret? Und in welcher Sprache das abgefasst sei?

Ich versuche, es ihm zu erklären. Er schüttelt den Kopf. Zwar sei er mit einer Katholikin verheiratet, aber mit einem – wie heißt das Ding? – mit einem Zelebret habe er noch nie etwas zu tun gehabt. All die vielen Jahre nicht ...

In diesem Moment erscheint auch der österreichische Zöllner wieder, guckt dem deutschen Kollegen über die Schulter, scheint an der Form des Ausweises zu erkennen, um was es sich handelt, und sagt dann schier freudig: »Jo mei, a Zelebret ham'S, a Zelebret! Is scho Recht, Herr Pforrer. Gehen'S nur! Is olles in Ordnung!«

Während sich der deutsche Beamte von seinem österreichischen Kollegen alles erklären lässt, sage ich diesem: »Nicht wahr, Herr Oberinspektor, es is halt doch gut, wenn man in der Schule a bisserl Latein gelernt hat!«

Beide schmunzeln. Schmunzelnd verabschieden sie sich.

Adalbert Ludwig Balling

Worte rund um den Humor

Heitere Lebensweisheiten und Sprichwörter

Weisheiten von Dichtern und Denkern

Mein Pater, um Gottes willen
seien Sie vorsichtig in allem,
was Sie tun! Und trauen Sie
niemals Nonnen,
die tausend Dinge vorgaukeln,
um eine Sache zu bekommen,
die sie unbedingt haben wollen ...
Ich fürchte eine missvergnügte
Klosterfrau mehr als eine Menge
böser Geister!

Teresa von Ávila

Heiterkeit
ist eine der Arten,
Gottes Willen zu erfüllen.

Leo Tolstoi

Der verlorenste aller Tage ist der,
an dem man nicht gelacht hat.

Nicolas Chamfort

Das Lachen ist ein wetterleuchtendes
Aufblitzen der Seelenfreude;
ein Aufzucken des Lichtes
nach draußen,
so wie es innen erstrahlt.

Dante

Es hat mir wollen behagen,
mit Lachen die Wahrheit
zu sagen.

H. J. Ch. von Grimmelshausen

Ein Affe warf
von einem Baumwipfel aus
eine frische Kokosnuss
auf einen hungrigen alten Mann
und traf dessen Holzbein.
Der Alte griff nach der Nuss,
trank die Milch,
aß das Nussfleisch
und machte aus der harten Schale
einen handlichen Becher.

Sufi-Weisheit aus Nahost

Der Mensch
ist ein Wirbeltier;
er hat eine unsterbliche Seele
sowie auch ein Vaterland,
damit er nicht übermütig wird.

Kurt Tucholsky

Sprichwörter der Völker

Im Alten China sagte man: »Zwischen den vier Meeren sind alle Menschen Brüder.« Das war edel gedacht und vornehm formuliert. Gemeint war die ganze damals bekannte Welt.

Vom Weltall aus betrachtet, meinten die Astronauten und Kosmonauten nicht sehr viel anderes, als sie auf die »gute alte Erde« *hinunterschauten* und sich wunderten, dass die Menschen sich immer noch vehement bekriegten, und sie fragten mit Recht: Sind wir nicht alle Brüder und Schwestern; demselben »Schicksal« überlassen?

Sprichwörter aus aller Welt werden hier präsentiert; klangvolle, bildhafte, sinnvolle Aphorismen. Weisheiten aus vielen Jahrhunderten; Erfahrungen, die uns vorwiegend jene weiterreichen, die vor uns waren. Lebenserfahrungen, die es uns leichter machen, Menschen anderer Völker, Kulturen und Religionen etwas besser zu verstehen.

Sprichwörter sind verdichtete Lebensweisheiten. In Nigerien vergleicht man gute Sprichwörter mit Kamelen in der Wüste; ohne sie käme man niemals ans Ziel. Sprichwörter seien wie Oasen; farbige, grünende Lichtpunkte in wüstenweiten Öden; Rettungsanker für alles, was hungert und dürstet; letzte Hoffnungen, von denen man zu träumen wagt!

In Äthiopien sagt man: Zum Lied gehört das Alleluja, zur Unterhaltung das Sprichwort. Und im Libanon vergleicht man Sprichwörter mit Olivenöl; bloße Worte wirken fad; Sprichwörter sind das Öl guter Reden!

Wahrscheinlich gibt es kein Volk, das nicht Erfahrenes, Erlebtes, Erkanntes in Sprichwörtern überliefert.

Wozu Geschrei, wenn eine Laus in der Pastete steckt? Was eine gute Köchin ist, versteht auch zwei Läuse einzubacken.

Ukraine

Wer die Wahrheit über den Fuchs erfahren will, muss die Gänse befragen.

Weißrussland

Wundert euch nicht, dass jemand, der übel riecht, es gerne hat, wenn man ihn beweihräuchert.

Polen

Die Leute gleichen Flüssen; sie scheuen keine Mühe, sich ein bequemes Bett zu suchen.

Russland

Wenn du mit dem Herzen unterwegs bist, bist du nie allein.

England

Immer wird es Eskimos geben, die den Menschen am Kongo Verhaltensmaßregeln für die Zeit der großen Hitze geben wollen.

Polen

Die klügsten Mädchen können sich am besten dumm stellen.

Frankreich

Leute gibt's, hat der Bauer gesagt, die haben so viel Verstand, dass man sie zu nix brauchen kann.

Schwaben

Es gibt Leute, deren Bauchweh keine Krankheit ist,
sondern ein Lebensstil.

Schottland

Diplomatie besteht darin, den Hund so lang zu strei-
cheln, bis der Maulkorb fertig ist.

Kanada

Wer nichts im Kopf hat, dem helfen auch die Beine
nicht weiter.

Bayern

Das Wasser kann ohne Fische auskommen, aber kein
Fisch ohne Wasser.

China

Der Pferdehändler verschenkt Sättel nur an Leute, die
noch keine Pferde haben.

Kurdistan

Gott liefert die Fettnäpfchen, hineintreten müssen wir
selber!

Österreich

Wenn der Bauer nicht schwimmen kann, ist die Badehose schuld.

Oberschwaben

»Was machst du denn gerade?«, fragte der Schüler den Zen-Meister. – »Ich mache mir Gedanken«, antwortete dieser.

Japan

Wer nicht lächeln kann, soll keinen Laden aufmachen.

China

Schlecht ist, wer Beleidigungen in Marmor meißeln lässt und Wohltaten in den Sand schreibt.

Türkei

Wer mit Katzen spielt,
darf Kratzer nicht scheuen.

Ägypten

Auch wenn die Boa eine Hose trägt,
bleibt sie doch eine Schlange.

Surinam

Eine getünchte Krähe
wird nicht lange weiß bleiben.

China

Kannst du keinen Fisch fangen,
dann probiere es mit einem Krebschen!

Nordkorea

Lobst du eine Ziege,
dann lässt sie ihren Dreck
in den Milcheimer fallen.

Mali

Ehe eine Maus am Fuß des Menschen
zu knabbern beginnt,
kitzelt sie die kleine Zehe.

Togo

Auch wenn du einen Baumstamm
jahrelang ins Wasser legst,
wird niemals ein Krokodil daraus.

Angola

Fleißige Hennen brüten nicht
vor den Augen der Leute.
Bali

Trittst du auf eine Ameise,
kommen gleich tausend andere,
um dich zu beißen.
Zaire/Kongo

Auch eine schwarze Kuh
gibt weiße Milch.
Kenia

Um ein Huhn zu fangen,
braucht es wenigstens
zwei Körner Reis.
Taiwan

Wenn ein Tiger brüllt,
stellt sich der ganze Wald auf die Zehen.
Malaysia

Der Hund hat seine Seele
im Schwanz, das Pferd in den Ohren.
Mongolei

Mit Malern, Musikern und Poeten
ist es wie mit Pilzen:
Unter zehntausend schlechten –
ein guter!

China

Wer seine Gäste gut bewirtet,
wird sie so schnell nicht mehr los.

Peru

Das Gedächtnis des Weisen
gleicht einem Sieb:
Es behält nur die schönen Stunden zurück.

Indonesien

Dem Klugen
braucht man nur
den Anfang zu sagen –
das Ende weiß er selber.

Angola

Ein Baum, der sich zu beugen weiß,
wird niemals vom Sturm
in Stücke zerrissen.

Somalia

Wenn ein Mann
auf eine Palme klettert,
darf er nicht alles verraten,
was er gesehen hat.

Sierra Leone

Man kann keine Feuerbohnen ernten,
wenn man Sau-Bohnen gepflanzt hat.

Korea

In Zeiten der Not
isst auch der Häuptling
Pilze und Ameisen.

Sambia

Leih dir niemals
deines Nachbarn Kamm aus;
er könnte Läuse haben.

Simbabwe

Wer Dornen sät,
darf sein Zelt nicht barfuß verlassen.

Jemen

Zusammengetragen von Adalbert Ludwig Balling

Herr, schenke mir Humor

Gebete um die Heiterkeit des Herzens

»Klopft an und es wird euch geöffnet!«

Es ist eine alte Erfahrung: Menschen, die beten, sind frohe Menschen. Das Gebet ist die stärkste Gegenkraft gegen Angst und Einsamkeit, Verunsicherung und Schuld, Verzweiflung und Traurigkeit. Es vermag am ehesten über jene schweren und schmerzhaften Stunden hinwegzuhelfen, wo man nicht mehr weiß, wie es weitergehen soll.

Das Gebet – »der Atem der Seele«, wie die Weisen aller Jahrhunderte sagen – hat schon vielen Menschen in der finstersten Finsternis Licht und Freude gebracht. Wer es pflegt und dabei überzeugt ist, dass Gott brennend an ihm interessiert ist, kann erfahren, dass sein Leben nicht einfach eine Seifenblase ist, die aufgeht, schillert, platzt und nichts übrig lässt als einen Tropfen Wasser, sondern dass es doch ein Schritt ist zu noch mehr Freude, Heiterkeit, Gelöstheit, Gelassenheit, Zufriedenheit – kurz zu noch mehr Leben hin.

»Klopft an und es wird euch geöffnet!«, sagt Jesus jedem von uns (Lk 11,9). Und Jesus weiß, wovon er redet. Er selbst hat sich immer wieder Kraft und Hilfe beim Vater geholt. Er hat zum Beispiel im Garten Getsemani gebetet, als »Traurigkeit und Angst« ihn ergriffen (Mt 26,37). Und sein Gebet hatte Erfolg: Es kam ein Engel und tröstete ihn!

Die Sprachforschung hat nachgewiesen, dass das Wort »Gott« das »angerufene Wesen« bedeutet. Das heißt: Gott ist einer, der immer zu sprechen ist, den man immer anrufen kann – ohne Voranmeldung, ohne Terminabsprache, der bereit ist, den Menschen anzuhören und ihm auch zu helfen. Sollten wir es darum nicht immer wieder mit einem »Anruf bei Gott« probieren?

Reinhard Abeln

Herr, ich freue mich

Herr, ich freue mich
weil ich dich Vater nennen darf.

Herr, ich freue mich,
weil dir sogar die Sperlinge
auf dem Dach so viel bedeuten,
dass keiner von ihnen
je vom Himmel fallen wird –
ohne dein Wissen.

Herr, ich freue mich,
weil du auch die Schöpfung
unbekümmert fröhlich sein lässt:

Wälder, Flüsse und Berge
rauschen und fließen und ruhen
in harmonischem Einklang;
schon ihr Da- und So-Sein
strahlt Freude aus und Zufriedenheit.

Herr, ich freue mich,
weil auch die Großen der Kirche,
unsere Seligen und Heiligen –
(samt den Millionen von Ungenannten
und Stillen und Bescheidenen)
eine leise, verinnerlichte Heiterkeit ausstrahlen.

Herr, ich freue mich,
weil deine Lehre
ein Froh-Botschaft ist!

Adalbert Ludwig Balling

Sinn für Humor

Herr,
schenke mir Gesundheit des Leibes
zusammen mit dem Sinn dafür,
ihn möglichst gut zu erhalten.

Herr,
schenke mir eine Seele,
die im Auge behält,
was gut ist und schön,
damit sie sich nicht einschüchtern lässt
vom Bösen, sondern Wege und Mittel findet,
die Dinge in Ordnung zu bringen.

Herr,
schenke mir eine Seele,
der die Langeweile fremd ist,
die kein Murren kennt
und kein Seufzen und Klagen;
lass nicht zu,
dass ich mir allzu viel Sorgen mache
um dieses sich breitmachende Etwas,
das sich Ich nennt.

Herr,
schenke mir Sinn für Humor.
Gib mir die Gnade,
einen Scherz zu verstehen,
damit ich ein wenig Glück kenne
in meinem Leben
und es mit anderen teile.

Nach Thomas Morus (1478–1535)

So ein Tag
Herr, ich werfe meine Freude
wie Vögel an den Himmel.
Die Nacht ist verflattert
und ich freue mich am Licht.
So ein Tag, Herr,
so ein Tag.

Herr, ich freue mich an der Schöpfung.
Und dass du dahinter bist
und daneben und davor
und darüber
und in uns.

Aus Afrika

Singend und tanzend Gott lobpreisen

Herr, heute soll mich nichts davon abhalten,
vor dir zu tanzen.
Der Boden wird unter meinen Füßen beben,
denn ich bin ein Mann des Tanzes.
Heute wird mich nichts davon abhalten,
zu spielen und froh zu sein.
Die ganze Welt wird meine Musik hören –
alle Instrumente meiner Musik:
Gong und Balafon, Zither und Xylophon,
denn ich bin ein Mann der Lebensfreude.
Heute will ich singen und tanzen.
Weder Hunger noch Armut noch Dürre
werden mich davon abhalten;
weder Malaria noch Aids,
weder Weltbank noch Wetter noch Krieg.
Nichts wird mich davon abhalten,
dich zu loben und zu preisen,
dir vorzusingen und zu tanzen.
Wer schlägt die Trommel besser als ich?
Heute, Herr, singe ich vor dir,
heute tanze ich vor dir –
auf den Trümmern meines Lebens,
auf den Skeletten von Krieg und Gewalt,
von Trockenheit und Dürre.

Herr, heute tanze ich vor dir –
für dich und meine Brüder und Schwestern,
die das Lied und die Freude verloren haben,
die das Lächeln und Spielen verlernt haben,
die nicht wissen, dass du es bist,
vor dem ich tanze und singe ...

Adalbert Ludwig Balling
(Nach einem Text des afrikanischen Priesters A. E. Mokodi/
Kongo)

Du bist ein Gott der Freude

Herr, unser Gott, du bist ein Gott der Freude. Dein
Sohn ist gekommen, damit wir Freude haben und die
Freude in uns vollkommen sei. So bitten wir dich:
dass wir einander das Gute weitersagen,
dass wir über das Böse schweigen,
dass wir die Ehre des anderen achten,
dass wir einander gelten lassen,
dass wir ein schiefes Wort nicht als Ablehnung auffassen,
dass wir immer wieder fragen:
Was tut dem anderen weh,
was macht dem anderen Freude,
dass wir einander nichts nachtragen,
dass wir einen Fehler ehrlich eingestehen,

dass wir uns füreinander die nötige Zeit nehmen,
dass wir uns in die Gelassenheit einüben,
dass wir niemals vergessen, dass wir einmal vor dir
als unserem Richter stehen und unser Tun vor dir ver-
antworten müssen,
dass wir für alles dankbar sind.

Herr, unser Gott, ohne dich können wir nichts tun.
Hab Erbarmen mit unseren Schwächen!
Du hast ja eine »Schwäche« für die Schwächen der
Schwachen.

Reinhard Abeln

Freude ist ansteckend

Herr, ist es nicht eigenartig, dass man ausgerechnet
den Christen die Freude abspricht? Dass man ihnen
Freudlosigkeit nachsagt? Dass man sie für sauertöpfi-
sche Heilige hält?

Das Gegenteil müsste es sein: Wenn irgendjemand
froh und heiter sein darf, dann jene, die an deine Froh-
botschaft glauben!

Du Freund des Lebens – zwinkere ab und zu mit den Augen, wenn mir die Freude partout nicht gelingen will! Flüstere mir ins Ohr, dass man Freude lernen kann, dass Freude etwas Ur-Menschliches ist, dass es Freude macht, anderen Freude zu machen, und dass herzliche Freude ansteckend ist! An dieser »Krankheit« hat noch niemand gelitten.

Lass mich zur Freude aufbrechen, hilf mir, die Heiterkeit des Herzens zu pflegen und andere damit anzustecken!

Adalbert Ludwig Balling

Segne Tanz, Musik und Lachen
Herr, segne mich!
Erfülle meine Füße mit Tanz
und meine Arme mit Kraft!
Erfülle mein Herz mit Zärtlichkeit
und meine Augen mit Lachen!
Erfülle meine Ohren mit Musik
und meine Nase mit Wohlgerüchen!
Erfülle meinen Mund mit Jubel
und mein Herz mit Freude!

Aus Afrika

Herr, schenke mir Humor

Herr,
schenke mir Humor
und die Heiterkeit des Herzens,
sodass ich der Wahrheit
ins Auge schaue,
auch wenn graue Haare
zum Vorschein kommen.
Lieber, freundlicher Gott,
schenke mir Sinn für Humor;
lass mich selber nicht zu ernst nehmen
und sorge dafür,
dass ich mit den Jahren
nicht nur älter,
sondern auch reifer werde,
gelassener und liebevoller.
Lass mich immer wieder aufbrechen
zur fröhlichen Dankbarkeit
und dankbaren Gelassenheit;
beide gedeihen dort am besten,
wo Humor und Heiterkeit
das Sagen haben.

Adalbert Ludwig Balling

Freude für alle

Gott, Schöpfer aus Liebe und Freude –
schenke uns Freude, wo immer wir sind:
Lass uns Freude erleben
auf Bergen und in Tälern,
Freude am Meer und im Wald,
Freude auf den Wiesen und Feldern,
Freude mit Kindern und Erwachsenen,
Freude beim Lesen und bei der Erholung,
Freude am Morgen und am Abend.

Freude sei bei uns alle Tage.
Freude, wenn wir arbeiten –
Freude, wenn wir ruhen –
Freude, wenn wir uns erholen –
Freude, wenn wir unter Freunden weilen.
Freude ist das Geheimrezept der Christen.
Freude spricht jede Sprache,
Freude kennt keine Schranken und Grenzen,
Freude ist international, universal, weltweit.
Freude – das Evangelium der Christen.

Herr, mach uns zu Botschaftern deiner Freude.
Lass uns den Menschen sagen,
dass es schön ist, sie zu sehen.
Lass sie unsere Liebe und Freude spüren.
Lass Freude und Liebe regieren,
wo Menschen um deinen Namen wissen.

Adalbert Ludwig Balling

Nachwort

Im südasiatischen Viel-Insel-Staat Indonesien sagt man: »Wer einen Menschen zum Lachen bringt, tut ein gutes Werk!« – und im Chinesischen heißen »Witze« wörtlich: »Lachsprache«. Schon diese Lebenserfahrungen würden genügen, zu einem Buch über die Heiterkeit zu ermutigen.

Genau das war unser Ziel: Anhand von humorvollen und lustigen Erlebnissen, Anekdoten, Aphorismen, Sinnsprüchen und dergleichen die Bedeutung von Humor und Heiterkeit für das mitmenschliche Zusammenleben herauszustellen und zu befürworten.

Hermann Hesse greift diese Weisheiten aus Fernost auf und führt sie weiter: Für ihn ist Heiterkeit »weder Tändelei noch billige Selbstgefälligkeit«, sondern »höchste Erkenntnis und Liebe; das Bejahen aller Wirklichkeit sowie Wachstum und Reifen am Rande unserer Tiefen und Abgründe«.

Wenn wir ein klein wenig von dieser Sichtweise an Sie, liebe Leserin, lieber Leser, weitergeben konnten, dann hat sich unsere Mühe allemal gelohnt.

Adalbert Ludwig Balling · Reinhard Abeln

Die Autoren und Herausgeber

Reinhard Abeln, Dr. phil., geb. 1938, studierte nach der Ausbildung als Grund- und Hauptschullehrer Philosophie, Psychologie, Pädagogik und Anthropologie. Er war als Journalist in der Kirchenpresse und Referent in der Erwachsenenbildung tätig. Als Autor hat er zahlreiche Veröffentlichungen über Lebens-, Ehe- und Erziehungsfragen vorgelegt sowie viele Kinderbücher verfasst. Reinhard Abeln ist verheiratet und hat zwei erwachsene Kinder.

Adalbert Ludwig Balling, geb. 1933, ist Mariannhiller Missionar. Nach sechseinhalb Jahren in Rhodesien/ Simbabwe (und dann wieder in Deutschland) war er als Journalist, Redakteur und Publizist tätig. Seine Bücher fanden weite Verbreitung. Dutzende wurden in Fremdsprachen übersetzt. Auf zahlreichen Foto- und Info-Reisen lernte er Menschen und Kulturen auf allen Erdteilen kennen. Die von ihm herausgegebene Reihe der »Mariannhiller Geschenkbände« umfasst 120 Titel. Seine umfangreichen Biografien wurden zu Standardwerken missionarischen Lebens und Wirkens. Sein Motto: Freude ist eine Liebeserklärung an das Leben. Wer mithilft, die Schöpfung zu bewahren, baut Brücken in die Zukunft.

Bilder im Innenteil:
10/11 © iStock.com, etorres69
28/29 © iStock.com, ArtMarie
55 © iStock.com, Halfpoint
73 © iStock.com, AnnaPustynnikova
87 © iStock.com, eriyalim
108/109 © iStock.com, Lilya Kulianionak
136/137 © shutterstock.com, Oliveshadow
162/163 © iStock.com, Povareshka
175 © shutterstock.com, justsolove

2. Auflage 2019

© 2018 Verlag Katholisches Bibelwerk GmbH, Stuttgart
Alle Rechte vorbehalten

Für die Texte der Einheitsübersetzung der Heiligen Schrift,
vollständig durchgesehene und überarbeitete Ausgabe
© 2016 Katholische Bibelanstalt GmbH, Stuttgart
Alle Rechte vorbehalten

Umschlaggestaltung: Finken & Bumiller, Stuttgart
Umschlagmotiv: © shutterstock.com, 578foot
Gestaltung und Satz: wunderlichundweigand
Druck und Bindung: Finidr s.r.o., Český Těšín, Tschechische Republik

www.bibelwerk.de
ISBN 978-3-460-32159-5

Auch als E-Book erhältlich unter
ISBN 978-3-460-51044-9